堅持教育理想、奮鬥不懈的
張淑中　博士

現任職務

稻江科技暨管理學院教授兼校長

中央選舉委員會委員

最高學歷

國立中正大學犯罪學博士

國立中正大學法學碩士

美國內布拉斯加州州立林肯大學訪問學者

國立台灣大學法律系學士

教學經歷

台北城市科技大學電子商務研究所專任助理教授

台北城市科技大學通識教育中心主任

國立中正大學犯罪研究中心研究員

稻江科技暨管理學院教授

行政經歷

中央選舉委員會委員

外交部亞洲太平洋國會議員聯合會執行祕書

經濟部研究發展委員會專門委員

國民大會國會聯絡中心主任

國民大會科長、專門委員

專業著作

《台灣憲政改革》

《國會暴力行為》

《美國國會與議事制度》

《法律與生活》

國家考試

國家高等考試行政職系及格

大學校長的48封信

私立大學校長的教育良知與社會責任

稻江科技暨管理學院校長 張淑中博士 著

五南圖書出版公司 印行

自 序

　　個人對嘉義地區有十分深厚的情感，2015年6月有機緣，再回到這塊熟悉的生長土地，並擔任稻江科技暨管理學院的四年大學校長工作（至2019年5月）；亦即有機會，能為國家、為社會、為地方人民服務，並貢獻自己多元的專業，是人生難得旅程與未來美好回憶。

　　個人出生於嘉義市，小學期間即因學業優異且多才多藝，多次當選嘉義市模範生；此外重情謙恭、講信修睦的個性，也一直是師長的稱讚對象。國中時期更獲得「南部七縣市演講、辯論總冠軍」；15歲時一人北上就讀「北一女」，在「台灣大學」期間，亦多次獲得「書卷獎」榮耀。

　　自台灣大學法律系畢業後，參加國家高等考試及格，陸續進入「國民大會」與「經濟部」等中央單位服務，努力認真工作，並擔任高階主管的領導職務。公職期間，亦因工作表現優異，獲行政院遴選公費赴美國研究一年。後來，具豐富公務經驗以及學術表現優秀（著有多本專業著作）的條件下，個人於2009年轉換跑道，被台北城市科技大學延攬，擔任通識教育中心主任。

　　2015年接任稻江科技暨管理學院第六任校長。為因應台灣少子化的趨勢，以及期許增強學校競爭力，個人特別規劃將學校朝向「小而美、小而精緻、小而優質」並能「永續經營」的方向發展。同時帶領全校教職員同仁，上下一心、團結合作、共同努力，創造出稻江學院的三項全國性特色：第一、是全國唯一擁有兩座標準比賽棒球場的大學；第二、是全國首創學生「兩人一房」住宿政策的大學；第三、是全國唯一擁有三位國寶名廚任教的大學。

　　除了上述三項獨特優勢外，稻江科技暨管理學院這幾年在個人的戰略領導下，全校師生對外表現亦十分優秀，獲獎無數，並

受到全國各界與嘉義地方的高度矚目。例如，本校是台灣餐飲界最高榮譽「龜甲萬盃國際料理比賽」四連霸冠軍紀錄的大學；是首位榮獲世界「英雄聯盟」電競大賽全球總冠軍並為國爭光的大學；也是連續兩年勇奪「海青盃海峽兩岸棒球邀請賽」總冠軍的國內大學；更是雲嘉南地區擁有千萬元所打造國際級電競場館的唯一高教體系的大學。

　　另外在招生成效方面，更是亮眼。例如最近三年稻江學院的招生成績呈穩定成長，新生註冊率亦逐步攀升。2016年日間部新生註冊率為84.04%，2017年為85.88%，2018年再創下紀錄高達87.32%；不只如此，本校107學年度第1學期全校的學生續讀率，更高達94.13%，創歷史新高。以上佳績在雲嘉南地區皆是名列前茅，更代表稻江學院近年來的辦學努力認真與師生優異表現，已得到社會各界以及許多家長的肯定。

　　本書雖定名為「大學校長的48封信」，其實是稻江科技暨管理學院在2015至2019年，此四年期間的努力奮鬥史。換言之，在個人未擔任校長之前，位於嘉義縣朴子市的稻江科技暨管理學院，過去曾有很長的一段低溫時期；但在個人任職校長的四年時間，卻是稻江學院全體師生，最為團結合作、最為同心一德、最為奮發努力，也是全國各界與嘉義地方給予稻江學院最為肯定的時期。簡言之，這本書籍的出版，詳實記載了每一年、每一個月，學校所發生的重要大事；也重點記載了稻江全體師生過去團結合作，不畏任何挑戰，努力克服困難，並多次為國家、為人民、為學校創下光榮、光輝的奮鬥歷史！

稻江科技暨管理學院校長

張淑中 博士

2019年5月1日謹誌

張淑中校長的近照

張淑中校長的行政經歷

◆ 國家高等考試行政職系及格

◆ 國民大會科長、副組長

◆ 國民大會修憲審查委員會執行祕書

◆ 國民大會祕書處專門委員

◆ 國民大會國會聯絡中心主任

◆ 公務人員訓練中心講座

◆ 外交部亞洲太平洋國會議員聯合會執行祕書

◆ 台南市全民防衛「萬安演習綜合實作演練」副統裁官

◆ 中華民國犯罪學會副祕書長

◆ 中華民國犯罪學會理事

◆ 經濟部研究發展委員會專門委員

◆ 經濟部性別平等委員會委員

◆ 郵政訓練所刑事訴訟法講座

◆ 「犯罪刑罰與矯正研究期刊」副總編輯

◆ 「犯罪矯正會刊」副總編輯

◆ 國立中正大學校友會常務監事

◆ 中華經略國防知識協會副理事長

◆ 中華民國犯罪矯正協會副祕書長

◆ 中華民國犯罪矯正協會理事

◆ 考試院司法人員特種考試閱卷委員

◆ 台灣青少年犯罪防治研究學會監事

◆ 中華民國私立教育事業協會法律顧問

◆ 台北城市大學通識教育中心主任

◆ 國立中正大學犯罪研究中心副研究員

◆ 國立中正大學犯罪研究中心研究員

◆ 稻江科技暨管理學院校長

◆ 中央選舉委員會委員

張淑中校長與蔡英文總統的合影

107年全國大專校院校長會議 總統蔡英文與稻江科技暨管理學院校長張淑中合影留念

張淑中校長以中選會委員名義頒贈
當選證書給高雄市韓國瑜市長

張淑中校長2018年12月3日以中央選舉委員會委員名義頒發當選證書給高雄市韓國瑜市長

目　錄

自　序

張淑中校長的近照

張淑中校長的行政經歷

張淑中校長與蔡英文總統的合影

張淑中校長以中選會委員名義頒贈當選證書給高雄市韓國瑜市長

張校長治校
四年紀實

第1封信　勉勵同仁共同奮鬥並一道努力

　　兩位副校長、各位主管、各位教職員同仁：大家好！大家早安！

一、過去，本校在陳董事長及董事會長官們的辛勞規劃下，以及歷任校長的努力接棒領導下，再加上全體教職員同仁的長年合作及專業貢獻工作下，相信都已為「稻江科技暨管理學院」奠定並累積了相當的成就。

二、未來，台灣在「少子化」趨勢的必然影響下，以及教育部也有意減少全國大專院校總數量的既定政策下，研判國內所有私立大專院校都將面臨更激烈的未來生存競爭。同樣地，預期本校亦會遭逢新環境的嚴格考驗及更大挑戰。

三、依據現行《大學法》或《私立學校法》的立法宗旨及其精神，國內所有私立大專院校是有其相當的「自主性」。未來只要稻江能結合地方資源及社會發展趨勢、持續保有師資優良的特色，並發揮各院系所的專業亮點，以及培育學生是具有術德兼備的優秀人才且畢業後能立即就業，則本校仍會是一所極有吸引力的大學。

四、個人此次有幸擔任稻江校長的職務，除了全心全力遵循學校創辦人的創校理念，及依據董事會所規劃的學校發展方向來貢獻專長治理學校外；現階段更重要的任務，就是希望達成「持續招生」、「強化招生」的學校生存最重要目標。而「招生、招生、再招生」，此未來的重要任務與使命，也是個人任職後會與所有教職員同仁們，共同奮鬥及一道努力的重要目標！

五、總之，個人絕對相信，只要大家展現智慧、共同合作努力，任何問題必能順利解決，任何困難及挑戰也必能突破與克

服。最後，謹祝本校全體同仁，身體健康！萬事如意！工作順利！

張淑中 敬上 2015/6/1

第2封信　單獨招生為稻江科技暨管理學院一項特色

　　兩位副校長、各位主管、各位教職員同仁：大家好！大家早安！

一、104（2015）學年度的大學指考業於日前剛落幕。緊接著，國內一些採用「單獨招生」方式的私立大學，例如本校，則係開始進入且面臨招生工作的最忙碌階段。

二、目前私立大學中，採用「單獨招生」的並不多。正因為如此。所謂單獨招生」或稱「獨立招生」，則反而成為了本校（稻江科技暨管理學院）的另一項宣傳特色！

三、也因為如此，此時此刻起，即是本校同仁協助學校招生的重點時期；這同時意謂著各位同仁雖是處於暑假期間，但工作其實是較平常更為忙碌、更為辛苦，甚至會減少與家人、朋友的相處時間與團聚機會。對此，本人謹代表學校特別感謝大家的辛勞付出及對學校的努力貢獻。

四、有關本校招生的「早鳥專案」優惠（二年安心就學獎學金或二年國立大學收費，擇一辦理），已延至7月31日止的訊息。再加上，最近各位同仁也陸續收到學校所發放的兩份資料（即分別是由《財訊雙週刊》於6月14日及《商業週刊》於7月1日所刊登出全國前景最堪憂的15所與17所危險學校名單）。以上資訊，其實都是極有助於本校招生工作的有利工具，也是可用來強力反駁一些不利稻江流言的有效證據，希望各位同仁都能好好充分運用這些適時出現的難得資料。

五、總之，未來台灣高等教育的生存環境雖會愈來愈險峻，全國學生人數亦會因「少子化」趨勢的衝擊而大量減少。但本人堅定相信，只要我們全體老師及職員同仁，大家集思廣益、共同努力合作並克服各種困難，則稻江必能永續經營甚至於

未來再發展擴大！

六、最後，敬祝本校所有同仁，身體健康！家庭美滿！萬事如
　　意！

張淑中 敬上 2015/7/7

第3封信　學校將朝「小而美、小而精緻、小而優質」方向經營

　　兩位副校長、各位主管、各位教職員同仁：大家好！大家早安！

一、為努力因應少子化趨勢的影響，近年來，本校正朝向一個「小而美、小而精緻、小而優質」並能「永續發展」的方向經營。雖然本校大部分學生係來自於偏遠地區或弱勢家庭，亦有許多學生必須靠半工半讀才能完成學業；但本校同學的優異表現，完全不亞於北部地區的許多公私立大學學生。

二、2015年8月2日（星期日）《聯合報》刊載一則新聞並附上師生照片，標題為「稻江學院擊敗20校，廚藝大賽奪銀」。此篇新聞背後的意義，其實就證明了，只要經過各位老師的專業訓練再加上同學自身不斷努力，稻江學生參加全國性各項競賽，依然是能稱霸於南台灣七縣市（例如本校餐飲系學生連續多年比賽擊敗國立高雄餐旅大學），甚至能在全國比賽得到第一名（例如本校休憩系學生所組成的棒球隊，成立還不到一年，即贏得全國總冠軍）。

三、不論是住在南部地區或北部地區的本校同仁，大家在人生旅途中的此一段時間，能有緣共同來到嘉義縣朴子市這個地方，為來自各地方大部分是屬於弱勢家庭的同學們服務。其實各位同仁的這種奉獻精神及教育使命，就如同當前政府對「三中一青」族群的高度關注及特別照顧，是有其重要及特別的時代意義！

四、未來只要全校同仁能上下一心、共同努力，積極配合地方發展趨勢（例如馬稠後產業園區的開發計畫），並結合地方兼國家級的觀光優點（例如故宮南院年底的開館營運），相信

　　稻江定能在南台灣堅實奠下且逐步發展出自己學校特色及獨特優勢。換言之，未來不論教育環境如何困難，各位同仁都要有高度的信心去突破，務必相信自己，也要相信稻江！

五、敬祝所有同仁，身體健康！工作順利！心想事成！

張淑中 敬上 2015/8/6

第4封信　少子化危機也是一種轉機與契機

兩位副校長、各位主管、各位教職員同仁：大家好！大家早安！

一、再過一星期，學校即將開學，大家亦將開始忙碌。104學年度第1學期，除了教學業務仍須持續推動外，學校亦有一些重要的規劃工作及大型活動，會於新的學期陸續展開，且需大家共同努力完成。

二、另外，台灣「少子化」的趨勢及其影響，已是一個全國所有私立大學都無法逃避的嚴肅問題，本校也無法倖免。但本人堅信，只要我們肯用積極態度去面對它，並能集思廣益及運用方法去解決各種困難，未來稻江依然會有亮麗的成績表現。換言之，「少子化」的危機，其實對本校而言，也是一種轉機、一種契機；可以讓我們的教學品質更精緻化，可以讓同學受到更多的學習照顧，亦可以讓老師們有更大的空間發揮。

三、新學期開始，本人期許並希望每一位教師同仁，在上課時能多鼓勵同學、能多幫助同學，並能多運用學校資源協助他們找到自己的天賦與興趣。除此之外，也請多給同學有舞台發揮才藝的機會，如此相信我們的同學自然會有學習熱情，也自然會願意留在稻江完成學業；亦更會願意在各位老師的專業指導下，發揮潛力與老師們共同努力合作，並在全國各項大型比賽中為學校爭光。

四、日前本校已與故宮南院完成協議簽訂，即自10月1日開始，將會有故宮南院的150位替代役與職員進住本校宿舍。今年11月中旬，本校亦將規劃及辦理「104年全國大專校院學生賃居輔導工作研討會」（此為教育部的委託專案），屆時將

有來自全國約200位的學者及專家參加，活動將安排在本校
與耐斯王子大飯店兩地舉行。另外，本校所規劃與中國大陸
「廈門大學」進行各項交流合作的計畫，也在日前獲教育
部審查通過，未來於適當時機本校將與廈門大學正式簽訂
MOU。而近日，本校也積極與全國大企業的「保進文教機
構」洽談雙方產學合作事宜，希望提供木校同學未來「畢業
即能就業」的機會。

五、總之，稻江是我們每一位同仁的另一個大家庭，需要大家共
同維護與全力支持。未來大家所面臨的挑戰工作仍然很多，
但只要大家肯持續努力、團結一心、眾志成城，本人相信任
何重大困難都絕對不會難倒我們！

六、敬祝所有同仁，身體健康！教學愉快！工作順利！

張淑中 敬上 2015/9/7

第5封信　希望老師實施多元教學方式並鼓勵同學上課發問

　　兩位副校長、各位主管、各位教職員同仁：大家好！大家早安！

　　近日接獲學生反映，有些老師的上課品質不好；以及暑假期間亦有家長向學校反映，其小孩竟因體育課被當而致無法畢業的情形發生。基於上述，本人有些觀念，希望與各位同仁溝通。

一、首先，學校開學已兩星期了，許多大一新鮮人，因是第一次離開父母、離開家鄉，並住進陌生的學校宿舍，難免心理惶恐不安或有不適應團體生活的情形發生。為避免影響其求學心力，希望各系、學程主任及擔任「導師」工作的同仁，能隨時留意同學的生活並主動關心同學的上課需求；亦即協助同學解決各項問題，使這些新生了解學校是非常關心他們。

二、其次，大學老師的教學技巧及上課態度，也往往是影響學生是否願意繼續求學的一項關鍵性因素。根據國內許多大學的調查資料顯示，上課方式只會採用「單向教學」、「抄寫黑板」、「照本宣科」或「不重視與同學互動」的老師們，是很難受到同學的肯定與歡迎。也因為上課的氣氛枯燥，長期下來，許多同學就不來上課，而老師所開的課程也就沒人要選。

三、換言之，不論是本校的專任或兼任老師，以及不論老師們所教授的班級人數是多或少；本人在此期盼並請各位老師，未來上課時，務必要多運用「雙向溝通」、「案例分析」、「小組討論」、「分組報告」、「實地觀察」、「實務操作」等等多元教學方式，並鼓勵同學上課發問。相信透過上述活潑的教學方式，我們的同學自然會有信心並有學習熱

誠，也自然會願意多留在教室向老師學習更多的專業知識。

四、總之，在新學年、新學期的開始，本人期許並希望每一位教師同仁都能深刻體認到，要讓學生保有持續的學習動機及引發學生的自主學習，就不能再以「一成不變」的方式來教學。簡言之，只有設計一些讓同學們「有參與感」的上課方式，且老師們亦能隨時調整自己的教學策略，並能以「鼓勵代替責難」的態度來對待同學、多給同學機會，如此才能達到「學校、老師、學生」的三贏局面！

五、最後，敬祝所有同仁，教學快樂！工作順利！家庭美滿！

　　　　　　　　　　　　　　　　張淑中 敬上 2015/10/1

第6封信　與國內最大幼兒教育企業「保進文教機構」簽訂產學合作

　　陳副校長、各位主管、各位教職員同仁：大家好！大家早安！

　　近期幾項重要訊息及工作，傳達各位同仁了解並能掌握：

一、上（10）月19日星期一晚上，本人參加嘉義地區高中職以上的校長定期餐會。到場人數很多，本人這桌有多位公私立高中及其他私立科技大學的校長在座；大家閒談中，一位知名國立高中的校長，特別當著本人的面前並對大家提到：「最近稻江同學表現很不錯，稻江學院有煥然一新的感覺」，而同桌的一些校長亦表示有同樣看法。以上事實，說明了各位同仁的辛苦工作及努力教學，已逐漸讓外界看到了稻江成果！

二、本校餐飲系同學繼今年9月贏得「第一屆桂冠盃全國創意家庭料理競賽」冠軍之後，10月再拿下「第三屆高慶泉盃全國廚藝競賽」的團體總冠軍。另外10月15日，我們與國內最大的幼兒教育企業「保進文教機構」簽訂合約，保證未來幼教系的畢業生年薪有新台幣50萬元；緊接著10月29日，再和台灣傳統小吃的美食餐飲龍頭「鬍鬚張」簽訂產學合作，為各系、各學程的畢業生或在校生提供工作與助學金機會（上述訊息請參見本校網站首頁新聞）。

三、再過兩星期不到，即11月17日及18日兩天，學校將辦理教育部「104年全國大專校院學生賃居輔導服務工作研討會」；除此之外，為配合「稻江科技暨管理學院創校15週年校慶」及「稻江標準比賽棒球場興建完工啟用典禮」等活動，本校也將於12月12日（校慶日）起特別舉辦「104年稻江盃全國

高中棒球錦標賽」，屆時將有來自全國10所高中球隊共計270位的隊員參加比賽。對於目前正負責辦理或籌備上述活動的相關單位及辛苦工作的承辦人與同仁，本人也在此特別向大家說一聲謝謝！

四、雖然學校重要工作及大型活動，我們都一直持續推動中，但對於未來整個台灣教育大環境的險峻，每一位同仁亦必須掌握了解及有心理準備。例如，最近教育部就多次對外公布資料，即明年（105學年）開始，因「少子化」趨勢的嚴重衝擊，大一新生在兩年內會減少5萬人左右。以上這個訊息，其實就是警示或告知國內所有私立大學，只有辦學優良與招生努力的學校，未來才有競爭與生存的空間。

五、　近日來早晚天涼，請大家記得添加衣服；最後敬祝所有同仁，工作充實！教學快樂！心想事成！

張淑中 敬上 2015/11/5

第7封信　未來期待將「北稻商、南稻大」這塊招牌在全台灣打響名聲

　　陳副校長、各位主管、各位教職員同仁：大家好！大家早安！

　　時間過得很快，轉眼之間，2016年即將到來。大家辛苦忙碌之餘，每位同仁及學校本身，仍要自我檢視一下，過去一年工作中，有無重大突破及成長事項；除此之外，也要了解未來工作的挑戰何在，以及思考應如何有效因應。

一、上（11）月25日星期三，本人與陳副校長及10多位系主任同仁，特地專車北上參加與「稻江商職」高級主管的聚餐。這是本校「稻江科技暨管理學院」成立15年來，第一次與台北市「稻江商職」的重要幹部聚會，意義重大。當天中午「稻江商職」方面，是由該校的校長林淑珍博士親率10多位科主任前來與本校同仁聚會，雙方相談甚歡、互相交換意見，並商討兩校未來的合作方向。由於「稻江商職」（成立已70多年）是本校重要相關企業，未校兩校師生的共同努力，相信最後必能將「北稻商、南稻大」這塊招牌在全台灣打響名聲！

二、教育部最近公布了一份資料（請參見2015年11月30日蘋果日報）指出，由於受到少子化的衝擊影響，明年的大學新生人數將減少三萬人（此就是所謂的「105大限」）；另外，教育部同時也公布一份學校名單，即約有20個大專校院共51個科系，因為招生狀況不佳，明年（2016年）將被教育部停止招生。幸好，在上述教育部所公布的學校名單，並沒有本校在內，但即使如此，本人希望所有教職員同仁，仍然要有危機感，心理絕不能鬆懈。換言之，只有大家持續共同努力，

不放棄任何招生機會，就必能突破困難及克服困境。

三、另外，本星期一至星期四（即11月30日至12月3日），本人也陸續前往彰化縣的「大慶工商」、嘉義縣的「竹崎高中」，以及嘉義市的「嘉義高商」及「東吳高職」，分別親自登門拜會上述四所學校的校長，並邀請他們參加12月12日本校所舉行的校慶活動，而此四位高中職校長亦都當場非常爽快地答應本人，屆時會前來參加本校創校15週年的校慶活動。由於此次15週年校慶也將配合「稻江標準比賽棒球場興建完工」的啟用典禮及「104年稻江盃全國高中棒球錦標賽」的正式開賽，相信屆時一定非常熱鬧，因此歡迎各位教職員同仁多帶家人或朋友參加。

四、最近氣溫已逐漸降低，尤其騎機車上班的同仁，務請多添加一件衣服。最後，並祝所有同仁，工作順心愉快！闔家平安健康！

張淑中 敬上 2015/12/4

第8封信　舉行第一座稻江標準比賽棒球場啓用典禮

　　各位主管、各位教職員同仁：大家好！大家早安！

　　首先恭祝大家新年快樂！萬事如意！尤其在2016年的未來一年中，大家都能心想事成！好運連連！

一、上個月（去年12月）12日，本校舉辦創校15週年校慶，以及「稻江標準比賽棒球場啟用典禮」與「104年稻江盃全國高中棒球錦標賽」等多項重大活動，十分圓滿成功；尤其，當天有10多位來自各地方的高中、高職校長、企業家等前來祝賀與頒獎，除是本校稻江的榮幸之外，亦代表了各位同仁平日努力工作的成果累積，以及本校同學對外比賽的表現優異，均得到了外界的高度肯定與讚賞。

二、最近一個月來，本校也有同學陸續參加「專業英文詞彙能力大賽」及「全國大專校院國術錦標賽」等比賽，得到冠軍與不錯的成績。除此之外，法律學分班更有三位同學最近金榜題名，考上律師國家特考；以及本校楊心豪副教授所率領的專業團隊，成功協助雲林縣政府推動節能節水農業設施並獲得標章認證（參閱學校網站首頁），受到各界好評等訊息，都是本校稻江的光榮，也都是各系所同學或各位老師同仁可以學習與效法的典範。

三、2016年1月16日的總統大選後，國內將會產生新的總統與新的政府。但是，未來不論政治環境是如何的變動，本校稻江的短程戰略願景（改制大學成功），以及當前的學校重要目標（強化招生工作）都不會受到影響或有任何改變。另外，面對今年國內大學新生總人數將會減少三萬人的嚴峻事實（即105年大限）及挑戰，本人在此亦特別呼籲所有同仁不必恐慌，只要大家意志堅定、團結一致，並共同合作克服招

生困境，一定能創造出新的機會出來。

四、例如，近兩、三個月月來，本人和方主任祕書，陸續從北到南，拜訪了許多高中、高職的校長或董事長，發覺他們現在對稻江都有較好的印象，且知道本校同學的對外表現都不錯；相談之後，亦都表示歡迎我們老師到他們的學校入班宣導。以上現象代表了，本校稻江的正面形象與知名度都較以往有所明顯提升，此也即是大家辛勤工作、凝聚心力所換來的不易成果，未來仍需要大家持續努力並維持下去！

五、新的一年，雖有新的挑戰出現；但是新的一年，也是新的希望開始，也有新的機會產生。不論學校、家庭或是個人，都不能鬆懈，必須往前不斷邁進。最後，祝福所有同仁，工作愉快！闔家平安！幸福滿滿！

張淑中 敬上 2016/1/4

第9封信　鼓勵全校老師具有第二專長

　　各位主管、各位教職員同仁：大家好！大家早安！

　　再過幾天，就是農曆新年猴年的到來，在此本人先祝福每一位同仁及老師們，在未來新的一年，猴年行大運！猴年好運來！接下來，有幾件重要事情要向大家報告。

一、不論是政府機構或私人企業，在組織內部中，會出現人員變動、職務調整、單位合併等情形，都是正常與合理現象，勞資雙方都不需要緊張。因為一個組織若不能適時地調整人、事、物，則此組織將會走向僵化，也無法因應社會快速的變化及各種環境的挑戰！

二、根據教育部已公布的資料，自105學年開始，少子化趨勢將會嚴重衝擊國內所有大學。本校基於事先防範及減低未來可能受到少子化的影響，並在配合教育部的重要相關政策下，已自行檢討政策，未來會裁併一些招生不良的系所，以增加本校未來經營的競爭力。

三、例如先前已停招的「諮心系」與「營養系」，本校會保障現有學生受教品質及權益，亦即繼續提供課程至所有學生修畢應修學分為止，並盡力協助其順利畢業。另外，本人也希望及鼓勵所有老師，未來都能事先規劃並做好具有「第二專長」的因應準備工作。

四、上個月的中旬，本人與方主祕及幾位主管同仁，前往台中拜會保進文教機構的江董事長，並參觀他們幼兒園各項設備及聽取他們經營事業的成功理念。在雙方交談過程中，江董事長說了一句話，令本人印象深刻；他說，他深入觀察過許多私立大學，認為國內有兩所大學由逆而正、正在翻轉中，一所是亞洲大學，另一所就是稻江學院。

五、新的一年開始，未來學校仍有許多重要工作（例如招生與媒
　　體宣傳）會依照既定計畫，持續推動及展開；換言之，大家
　　的腳步不會有停止的時候，只會不斷地向前邁進，此主要目
　　標就是一定要讓稻江「永續經營與發展」。最後，再誠摯祝
　　福所有同仁，闔家平安健康！快樂好運連連！

張淑中 敬上 2016/2/3

第10封信　裁併不良系所增加學校未來競爭力

各位主管、各位教職員同仁：大家好！大家早安！

3月4日（星期五），本人與幾位主管同仁北上前往教育部，報告學校獎補助款的支配及使用情形，過程一切順利。除此之外，也有幾件重要事情要向大家報告。

一、教育部原本要推動一個所謂5年千億元預算的「新世代高教藍圖計畫」的重大教育政策。因為此政策影響深遠，且會對國內所有各公私立大學多少有所衝擊，後來經朝野政黨協商結果，決定在5月20日以前，即「政黨輪替」、「政權交接」之前，此項「新世代高教藍圖計畫」將暫緩推動。

二、所謂「少子化」意義，是指生育率降低，高齡老人又高達7%左右的人口比例，以及幼年人口比例逐漸減少的現象。「少子化」代表著未來國家的勞動人口可能逐漸變少，對於社會結構、經濟發展等各方面都會產生影響，更會造成每一個國家的各級學校每年入學新生人數的減少，因此「少子化現象」是許多國家非常關心的重大國安問題。

三、為了因應台灣少子化的趨勢，稻江學院必須要有所改革。學校先前已停招的「諮心系」與「營養系」，未來學校會保障現有學生受教品質及權益，亦即繼續提供課程至所有學生修畢應修學分為止，並盡力協助其順利畢業。另外，本人再重申，希望及鼓勵所有老師，未來都能提早規劃並做好具有「第二學術專長」、「第二專業技術」的因應準備工作。

四、近年來，為因應招生環境的日趨險峻，本校已結合現代產業需求並適時調整系所，朝向「小而美，小而精緻，小而優質」方向發展並凸顯學校的辦學特色。例如採取小班上課方式，實施兩人一房住宿政策，聘請業界名師協同授課，帶領

學生赴海外教學。由於以上規劃的方向正確，學校招生成績
穩定與學生表現優異，皆受到社會各界的矚目及稱讚。

五、為了迎接各種挑戰，未來學校仍有許多重要工作（例如加強
招生、產學合作，以及對外媒體宣傳等）皆會依照既定計
畫，持續推動及展開；換言之，大家的腳步不會有停止的時
候，只會不斷地向前邁進，此主要目標就是希望讓稻江學院
有「永續生存」、「永續發展」的機會。最後，再誠摯祝福
所有同仁，工作愉快順心！闔家平安健康！

張淑中 敬上 2016/3/7

第11封信　總統當選人蔡英文重視「長期照護政策」

　　各位主管、各位教職員同仁：大家好！大家早安！

　　前幾天清明節的連續假期中，相信所有同仁，都有與家人規劃了一些掃墓、踏青、旅遊或訪友等相關活動。平常工作忙碌，大家無暇休息，能利用假日與家人、朋友團聚，從事有意義活動並重新調整身心，是非常好的事情。另外，以下幾則訊息與同仁分享：

一、2016年4月4日，我國旅美職棒投手王建民，重新回到「大聯盟」，此令國人興奮的新聞，登上了國內各大媒體版面。王建民歷經人生嚴重挫折的腳踝扭傷及手臂受傷後，曾多次被下放到「小聯盟」各球隊，不被各界看好。後來，王建民持續努力、奮鬥不懈，終於在「皇家隊」重新站起來。此種堅持所愛，繼續面對人生挑戰的精神，令全體國人感動，也值得我們每一個同仁學習。尤其，王建民日前在公開記者會上，鼓勵球迷與年輕人的一席話，亦令人敬佩及發人深省，王建民說：「要依自己的想法，去完成自己的夢想，不要因為別人說了什麼，就放棄這些東西，要堅持下去！」。

二、5月20日，民進黨政府即將上任，總統當選人蔡英文女士十分重視「長期照護政策」。由蔡英文內定的行政院長林全先生，日前也特別邀請國內相關領域的一些專家學者，討論台灣老人議題後，決定新政府未來將成立「長照局」，統一管理長照基金、考慮增加長照稅收、開辦長照保險，以及規劃社區長照基礎建設等等重要工作。由於本校的民生學院正設有「老人福祉與社會工作學系」，未來本系的老師同仁們，大家若能集思廣益，配合未來新政府的政策方向，並結合嘉義地方的各項資源，以及重新檢視及研究規劃「老人福祉與

社會工作學系」的課程內容、招生策略與產學合作計畫，相信本學系將來會有很好的發展空間及不錯前景。

三、另外，目前本校稻江已逐漸進入了招生重要時期，研判全國各私立大學為了因應及突破「105大限」的嚴重影響，亦將會相互地進入「短兵交接」的激烈階段。換言之，各校為了自己學校的永續生存，必然會想方設法去挖掘其他學校的「生源」地盤。也因此本人在此特別提醒所有教職員同仁，今年的招生工作會很競爭、會很辛苦，但大家絕不能輕忽，也不需要過度恐慌，只要持續地努力，我們招生工作必能成功。本人就套句王建民的話來說：「大家要依學校的計畫，去完成學校的招生目標，不必管其他學校做了什麼，就放棄原來的招生努力，一定要堅持下去！」。

四、最後，祝福所有教職員同仁，闔家平安、健康、快樂！

張淑中 敬上 2016/4/6

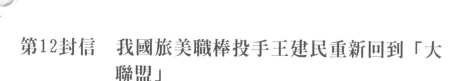

第12封信　我國旅美職棒投手王建民重新回到「大聯盟」

各位主管、各位教職員同仁：大家好！大家早安！

再過兩天，即5月8日，就是「母親節」到來，在此本人先提醒每一位同仁及老師，屆時別忘向母親大人，說一聲「母親節快樂」或帶家人出外慶祝一下。接下來，幾件事情向大家報告。

一、今年為教育部所強調的「105大限」，少子化的趨勢及其危機效應，十分嚴重，也因此「私校惡鬥」情形，早已產生且浮上檯面。換言之，一些缺乏競爭力或辦學績效極不佳的私立大學，為了搶奪生源，常會不擇手段，利用招生時期，破壞他校名聲；或運用黑函、炒作舊聞等方式，來惡意攻擊他校的高層主管，以獲取利益。對於上述情形或事件的發生，本校同仁不必恐慌，亦不必受其影響，但仍需隨時提高警覺！

二、過去一年來，本校所規劃的許多重要工作（例如招生與一系一產業等）均依照既定步驟，持續推動及展開；美國、韓國職棒、中國大陸考察團，以及國內各知名大型企業，主動前來嘉義拜會本校，並表達希望與本校簽訂產學合作或進行交流的現象，也有增多的趨勢。除此之外，本校同學參加國內各項大賽，獲得冠軍佳績（例如餐飲系蟬聯「龜甲萬盃」四連霸）而被國內媒體廣泛報導的頻率，更是大幅增加。以上種種事實證明了，各位同仁及老師為稻江付出的心力，已逐漸展現出成果。大家真的辛苦了！

三、然而，即使如此，大家的腳步還是不能太早停歇，仍要穩定踏實地往前邁進；此因大家奮力向前的同時，我們的許多對手正虎視眈眈也努力地要趕上來。過去，本校曾有過一陣子

的低潮期，但不表示大家就要認命或歸咎於宿命；反而，各位更要記取教訓、汲取經驗，放棄舊習性、創造新方法，重新站起來，讓各界刮目相看，而本校目前其實亦正處於此轉變階段。當然，在學校轉變的過程中，難免會有陣痛期，也會造成許多同仁的不適應；但學校若不轉變、不進行改革，屆時本校將會付出更大的代價，而到時大家生存的空間，也將會更危險、更狹小！

四、今年4月4日，我國旅美職棒的知名投手王建民重新回到「大聯盟」，加入堪薩斯皇家隊；前兩天，即5月4日，在對戰前東家國民隊時，終於取得隔1052天的大聯盟「首勝」；王建民此種持續努力、奮鬥不懈，所展現出的意義及精神，是值得我們每一位同仁及老師，去深思！去學習！

五、最後，祝福所有同仁，工作順利愉快！闔家平安健康！

張淑中 敬上 2016/5/6

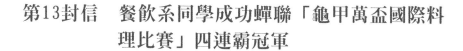

第13封信　餐飲系同學成功蟬聯「龜甲萬盃國際料理比賽」四連霸冠軍

各位主管、各位教職員同仁：大家好！大家早安！

再過八天，即6月9日（農曆五月五日）將是「端午節」來臨，本人先祝福各位同仁，端午佳節快樂！闔家平安健康！這一段時間為本校招生以及和他校競爭的尖峰時期，大家工作非常辛苦！但為了突破「105大限」關頭，大家仍必須堅持下去，暫時不能鬆懈。另外，為了考量及增進一些新進同仁對本校的認識，以及破除外界或他校對本校可能的攻擊；本人特別整理了一些資料、數據和事實，供各位同仁參考，此也是大家在對外進行招生工作時，最好的說明工具和有利證據。（參見如下）

一、近年來，為因應台灣「少子化」影響與挑戰，稻江科技暨管理學院正朝「小而美，小而精緻，小而優質」的辦學方向發展，而此規劃使得學生享有學校更多資源設備以及舒適安靜的讀書環境。例如首創「兩人一房」住宿政策優於全國各大學，美麗西班牙建築式宿舍更讓學生有浪漫與溫馨的住家感覺。而學校地理位置亦十分便利，到達嘉義高鐵車站、嘉義縣政府或故宮南院，皆只有五分鐘內車程距離。

二、目前學校有三大學群，共十二個學系。「科技暨設計學群」有行動科技學系、時尚設計學系、動畫遊戲設計學系、表演藝術學士學位學程；「財經暨管理學群」有餐飲管理學系、休閒遊憩管理學系、法律學士學位學程、經營管理學士學位學程；「民生學群」有幼兒教育學系、觀光規劃學士學位學程、老人福祉與社會工作學系、時尚美容藝術與保健管理學士學位學程。另外並設有研究所五個碩士班。

三、自從張淑中校長上任後，非常重視老師教學品質、學生品德

教育，以及學生未來就業競爭力。更推出「一系一特色一產業合作」的學用合一策略，即現有12個學系都分別與一個以上的知名企業簽訂產學合作計畫，培養每位學生在學校中能學得一技之長，並提供學生有出國工作實習機會，確保學生「畢業即就業、就業即上手」的教育目標。例如幼教系與國內最大幼兒教育集團「保進文教機構」合作開辦的「幼教菁英班」，是全國唯一免學費最優惠的入學方案，並保證畢業生年薪50萬元以上，受到各界高度矚目。

四、稻江學生刻苦耐勞、努力奮鬥的優異表現，常讓社會各界刮目相看。例如餐飲系學生2016年打敗全國公私立大專院校的烹飪好手，成功蟬聯台灣餐飲界最高榮譽「龜甲萬盃國際料理比賽」的四連霸冠軍，就是最好證明；另外「表演藝術學士學位學程」王大陸同學擔任男主角所主演「我的少女時代」電影，演技精湛，票房十分賣座，此片在台灣與中國大陸合計超過24億元新台幣，轟動全亞洲。

五、雖然未來台灣高等教育的生存環境會愈來愈險峻，而全國大學新生人數也會因「少子化」趨勢而逐漸減少。但只要一個大學的辦學方向正確，以及能發展出有特色的系所，則此所大學在教育部的「區域平衡」、「教育平衡」、「資源平衡」以及「城鄉差距不宜太大」、「一個縣市除要有公立大學外也要有適量的私立大學存在」等種種政策考量下，反而有永續發展的生存空間。以上，也可由國內一些知名大企業（如雲朗觀光集團、潮港城餐飲集團、元晶太陽能公司，以及保進文教機構等）仍願意投資並持續與本校稻江擴大產學合作計畫等事實，得到證明。

六、除此之外，今年5月，本校研究所碩士班招生率皆達到百分之百的招生滿額佳績，極為難得；以及中華職棒中信兄弟隊

　　當家捕手鄭達鴻願意南下就讀本校研究所並受到國內各大媒體的廣泛報導，此也都證明了本校辦學理念及發展方向正確（為全國第一所教學實用型大學），已逐步得到社會各界肯定及符合當前政府的重要政策規劃方向。

七、最後，本人再次感謝及祝福有志在稻江，願意共同努力、一道奮鬥並能共體時艱的所有同仁，工作順利！萬事如意！闔家幸福滿滿！

張淑中 敬上 2016/6/1

第14封信　美國職棒大聯盟紅襪隊、水手隊總球探參訪本校

　　各位主管、各位教職員同仁：大家好！大家早安！

　　正值暑假時間，中午天氣尤其炎熱，各位同仁在工作忙碌或公出辦事之餘，千萬別忘多喝水，即隨時補充水分，以保持身體健康。另外，簡單兩件事情，向大家作個報告及心得分享。

一、本校2016年6月18日（星期六）上午，舉行105級畢業典禮，隆重而溫馨。當天參加的畢業生及家長人數，為近年來最多，擠滿國際會議廳。典禮最後圓滿、成功、順利完成，本人要非常感謝各單位同仁對典禮事前分配工作的努力準備，以及學務處全體同仁的心力付出。另外，難能可貴的是，全國有160多所公私立大學，皆選擇在6月期間舉行畢業典禮，但能被媒體刊登出消息者，少之又少；然而，本校6月18日舉行典禮並頒發特別獎項的當天訊息及活動畫面，第二天隨即被刊載在國內主要報章媒體（如自由時報、聯合報、中國時報等）及電子媒體的全國版與地方版，這是非常不容易之事。此也證明了，只要我們全體師生持續努力奮鬥，外界是肯為稻江喝彩及給予掌聲的。

二、2015年本校經教育部的專款撥助，完成了第一座標準比賽棒球場的興建。不到一年時間，2016年6月30日再舉行動土儀式，開工興建第二座棒球場。未來棒球場完工後，本校稻江將成為全台灣唯一具備兩座標準比賽棒球場的大學校院，不但可以同時舉行分組球賽，也可以同時容納更多球隊進駐集訓；除此之外，未來球場租借給國內或國外職業球隊（如去年韓國職棒為例）作為冬訓基地，也可定期增加本校的收益。今年3、4月間，新來運動經紀有限公司，對本校推廣棒

球運動的努力及成就十分讚賞，除了知道去年本校舉辦全國盃各級棒球比賽外，今年又見到美國職棒大聯盟紅襪隊、水手隊的總球探相繼來訪稻江等新聞；也由於看好本校的未來棒球運動發展，因此該公司高層經過與本人多次會談後，主動表達希望與本校在棒球事業上合作，並願意出資千萬元，協助建造第二座棒球場，完工後捐獻給本校。本人特別提出此訊息，也是希望讓各位同仁了解，本校一點一滴的努力成就累積，已逐漸呈現出來，可能本校同仁還看不到，但外界卻看的很清楚！

三、最後，再感謝有志在稻江，願意與本人共同奮鬥努力，及能共體時艱的同仁，並祝大家：萬事如意！闔家平安健康！

張淑中 敬上 2016/7/5

第15封信　敦聘台灣三位國寶名廚專技教授並至本校任教

　　各位主管、各位教職員同仁：大家早安！大家好！

　　近年來，為因應台灣「少子化」危機，國內從北到南的所有公私立大學，都希望發展出自己學校的獨有特色，以便與他校在「招生」激烈過程中，能夠脫穎而出並取得一席之地。本校雖位於台灣南部的嘉義地區，但一年來經過大家的共同努力，其實也逐漸發展出學校的專有特色。

一、台灣當前四大名廚，其中三位在稻江學院授課，創下全國首例，此即為本校一大特色。2016年7月18日（星期一）上午10時，假本校咖啡廳所舉辦的「稻江科技暨管理學院敦聘三位國寶名廚專技教授」記者會，受到社會各界的高度矚目。未來本校餐飲系同學，有機會到「中華美食交流協會」旗下集團及三大國寶名廚所自行開設的知名餐廳，進行實習與產學合作，將是非常難得的經驗。

二、全國唯一擁有兩座棒球場的大學。2015年本校完成第一座標準比賽棒球場的興建，並成功舉辦2015年全國盃高中棒球比賽；2016年上半年，更吸引美國職棒大聯盟「紅襪隊」、「水手隊」的亞洲區總球探相繼前來本校參訪。今年6月30日，本校再開工興建第二座棒球場，預定9月份可完工啟用。未來擁有兩座標準比賽棒球場，不但可同時舉行分組球賽，也可容納多球隊進駐集訓，加上餐廳、宿舍、咖啡廳、室內打擊練習場等各項硬體設施齊全，稻江學院將成為國內最佳棒球訓練基地，更是未來日、韓等國家職業球隊來台冬訓的首選場地。

三、西班牙建築設計的學生宿舍，並採「兩人一房」政策為全國

少見。本校為了提升全體學生的住宿品質，以及為同學建構更舒適的學習環境，特別規劃自104學年度第2學期起，將原來四人房的學生宿舍，原則上都調整為「兩人一房」。此項住宿政策全國少見，不只明顯提升稻江學生的住宿意願和生活品質，亦受到許多同學非常正面的回應，紛紛為學校的這個新制度按個讚。

四、稻江學院是國內學校中最鄰近世界級「故宮南院」的大學，只有3至5分鐘車程距離；而本校距離嘉義的高鐵站也只有5至7分鐘的車程。換言之，如從台北搭乘高鐵到嘉義的稻江學院，非常便利，只要1小時40分，即可到達。而此快速方便，也都是嘉義地區的其他大專院校所無法相比的；另外，即使位在台南、高雄、屏東等地區的許多大學，由於其距離當地的高鐵站至少還有40、50分鐘以上的車程距離，因此其地理位置，是十分的不便利。

五、本人簡單的舉出上述幾個事實供各位同仁參考，主要用意即在說明，只要大家好好去想、大家好好集思廣益，會發現本校稻江學院其實是有相當厚實的競爭力！最後，祝福所有同仁，工作愉快！平安健康！好運連連！

張淑中 敬上 2016/8/5

第16封信　加強同學的工安危險知識及打工風險意識

　　各位主管、各位教職員同仁：大家早安！大家好！

　　再過10幾天，即9月18日（星期日）為新生現場報到及入住宿舍的日期；而第二天，即9月19日（星期一）為105學年度第1學期的正式開學日（亦是註冊繳費截止日）。本人希望各行政單位與各系所的同仁，都要積極做好迎接新生的準備工作。尤其新生辦理報到手續的簡單順暢、本校工作同仁對新生的態度親切，以及學生宿舍與周圍環境的整齊清潔等，都會讓這些大一新生及其家長們，留下深刻印象，也會對稻江學院的行政效率表示肯定；而以上的作為，其實已是對未來的招生工作奠下基礎！

一、今年四技日間部，已完成登記分發作業，由於受到少子化的嚴重影響，共有多達21所的科技大學的缺額率超過五成。換言之，全國有21所的技專校院，招不到一半的學生。其中最嚴重的是「南榮科技大學」欲招收377名學生，只招到57名，缺額320名，缺額率85%。至於，位在嘉義地區的「吳鳳科技大學」欲招生名額為388名，最後只招到137名，缺額251名，缺額率65%。另外，「大同技術學院」招生名額為135名，只招到74人，缺額61名，缺額率45%。以上情勢明白顯示，未來招生工作是更加險峻，本校全體同仁都要有高度的警覺心！

二、近日媒體報導，台大化工系有一名陳姓僑生因殺害街貓「大橘子」被依違反《動物保護法》起訴後，竟又殺害一間餐廳飼養的店貓「斑斑」；最後該名學生除被台大開除學籍之外，台北地檢署亦再依法追加起訴，並建請法院從重量刑。不幸地，本校行動科技系也有一名學生，去年陸續領養4隻貓後，竟然3死1重傷；日前嘉義地方法院審結此虐貓案，判

處這名同學11個月徒刑，得易科罰金，全案可上訴，但必須支付6000元受傷貓隻的醫藥費（《蘋果日報》2016年9月3日報導）。本人之所以提出上述兩個案例，是希望各位系主任及系上擔任班導師的同仁們，未來一定要利用時間，將「生命教育」及「動物保護法」的相關知識向系上同學宣導及說明。即告知同學，千萬不能有虐待小動物的行為；因為虐狗、虐貓都是嚴重的犯罪行為，依《動物保護法》的規定，最高可處100萬元的罰金，也可判處到1年的有期徒刑。

三、另外，本校餐飲系四年級的一位黃姓同學，利用暑假期間幫其叔叔打工，結果9月2日（星期五）在施工現場裝設窗戶時，因為當天下雨，不慎從大廈高樓的19樓摔落至9樓，重傷死亡。9月2日下午5時半，本人在台北開完會，接獲此項消息，心情非常沉重與難過。當天下午餐飲系鄭主任及班導師即分別致電其家長；第二天9月3日上午，秦學務長由呂教官陪同至同學家中，代表本校致送急難救濟金給其家人；第三天9月4日上午，鄭主任再偕同兩位老師向家長致意並上香。此不幸消息，相信許多餐飲系老師與同學們都非常不捨與難過。同樣地，本人希望各位系主任及班導師們，未來也一定要利用時機及場合，多多宣達及加強同學的工安危險知識及打工風險意識，以避免與減少此類悲劇的再發生！

四、最後，祝福所有同仁，平安健康！

張淑中 敬上 2016/9/5

第17封信　棒球隊同學騎機車意外喪生學校痛失英才

　　各位主管、各位教職員同仁：大家早安！大家好！

　　今天本人只與大家談一件事情！相信各位同仁聽了心情會很沉重！即前天（10月3日）上午7時左右，本校兩名棒球隊一年級學生騎車雙載往學校途中，為閃避同行一輛右轉轎車不及，失控撞上路旁的變電箱，後座林冠偉同學（18歲）送醫後死亡，騎車的翁再榮同學（19歲）重傷，目前仍在嘉義長庚醫院治療中。

　　此不幸事件發生後，雖然學校透過緊急事件處理程序，即在第一時間派了多名主管與老師，分別與警方、與家屬密集連繫，也分別趕至殯儀館及長庚醫院協助家屬處理後續事宜；此外，本校棒球隊其餘隊員們亦振作精神，在訓練前為林同學默哀，並一起為翁同學加油打氣，祈禱早日恢復健康。但除了上述作為之外，此事件的經驗及教訓，仍值得各位同仁深度省思！

　　第一、本校有許多同學來自於偏遠地區、弱勢家庭，甚至本身就是原住民。雖然這些同學生性善良、身體強健，但由於年輕及社會經驗不足、判斷事務能力薄弱，因此很容易受他人引誘、衝動行事及尋求各種即時刺激（例如騎機車搶快）。換言之，未來本人希望從事教學或擔任導師的同仁，可能除了專業課程教授外，有時也必須適時給予同學精神講話，即多多宣導一些交通安全、反毒拒毒、打工危險、防止詐騙等各類生活實用知識。

　　第二、此次車禍死亡的林冠偉同學，其父親在接受多家媒體記者採訪時，雖然內心十分悲痛，但仍然說出了一段話，令本人十分動容。林冠偉的父親說：「棒球是兒子的最愛，才剛進到稻江棒球隊，學校有非常好的設備，校方要栽培他，也給了最優惠條件來嘉義打球，卻這樣走了，家人情何以堪」。林同學父親處於喪子之痛，卻還願意對外界說出肯定本校的談話，這種胸襟令

人敬佩！此也是目前在稻江工作的所有同仁，應該要珍惜且要深記在心中，即每位同仁的工作，雖是個別對學校的貢獻，但卻是共同在對社會盡一個重要教育責任，也擔負著外界對稻江的極大期待！最後，祝福全體同仁，平安健康快樂！

張淑中 敬上 2016/10/5

第18封信　稻江是全國最鄰近故宮南院的大學地理位置優秀

　　各位主管、各位教職員同仁：大家早安！大家好！

　　台灣西南部的嘉南平原是台灣面積最大的綠色平原，氣候宜人且風景優美。稻江學院位於嘉義縣朴子市，是全國最鄰近「故宮南院」的國內大學，地理位置便利，若再假以時日，待故宮南院附近各項資源都成熟後，本校應有再突破與再發展的空間。以上為本人的一個想法，曾提出來過，供大家共同思考。而以下的最近一則新聞議題，則亦是具有同樣道理及深層意義。

　　即10月16日，台南市長賴清德已正式對外宣布，未來將在三年內，將台南的沙崙地區，建設成為「國際級影城基地」；上述計畫，是由國際級大導演李安所提出，且已獲得行政院長林全的拍板定案。本人舉出上述事件，供各位同仁參考，主要用意在說明，即台南市的國際性建設計畫，對位於嘉義的本校來說，其實也是一個極佳的發展機會及很好的招生宣傳資料。

　　例如，本校的「表演藝術系」、「時尚設計系」、「時尚美容系」、「動畫設計系」、「餐飲管理系」等系所的畢業同學，未來要尋找工作機會，因地理位置方便，就有多一個選擇機會，可前往南部地區去發展，而不一定要去北部地區才有就業機會。

　　簡言之，只要大家好好去想、仔細地觀察，會發現雲嘉南等地方，其實已成為政府的施政重點地區。未來本校所有同仁，只要肯合作克服困難，並集思廣益找出契機，即充分利用周邊的地理資源及發展機會，稻江就會有相當厚實的競爭力！

　　除此之外，最近另一則國際性體育新聞，也值得本校棒球隊員及體育發展室的同仁參考及效法。那就是，美國職棒大聯盟MLB總決賽，打出近年少見的7場精彩棒球比賽。已經有108年

之久，沒有封王的芝加哥小熊隊，在比賽場數1:3落後的不利情況下，全隊年輕球員不屈不撓、奮戰不懈，最後連續3勝，終於擊敗對手印地安人隊，奪下世界棒球大賽的總冠軍。以上，芝加哥小熊隊在今年球季中，各界都不看好的情形下，居然能過關斬將，陸續打敗巨人隊、道奇隊等傳統強勁球隊，而拿下暌違108年的美國職棒總冠軍，此種不怕挫折、堅持到底、努力奮鬥的拼戰精神及勇猛鬥志，是值得本校棒球隊員及教練同仁效法與學習！

　　最後提醒大家，11月26日（星期六）為本校16週年的校慶大會暨稻江第二棒球場的啟用典禮，屆時非常歡迎各位帶家人及朋友參加。祝福所有全校同仁，工作愉快！平安健康！好運連連！

　　　　　　　　　　　　　　　　張淑中 敬上 2016/11/7

第19封信　舉行第二座稻江標準比賽棒球場啟用典禮

　　各位主管、各位教職員同仁：大家好！大家早安！

　　再過三個星期，即12月25日，就是「耶誕節」來臨，緊接著不久，又是新的一年即「2017年」到來。各位同仁若今年還有目標或願望尚未完成，仍可把握最後時間，再努力衝刺一下，說不定會有令人意外的驚喜！接下來，幾件事情向大家報告：

一、11月26日上午，本校分別舉行「稻江第二棒球場啟用」暨「大專校院105年棒球運動聯賽」的聯合開幕典禮，以及「創校16週年校慶紀念大會」。以上各項典禮，皆受到社會各界、地方民眾的高度矚目，並被國內各大媒體廣為報導。本人對於學務處、體育發展室的單位同仁，在事前規劃、努力籌備的辛勞，以及全校其他單位同仁的用心配合，共同促成本校此次大型活動的圓滿成功，表示感謝！

二、其次，董事長陳璽安博士在「創校16週年校慶」致詞時的一段話，本人希望各位同仁都能牢記在心，並同心協力持續實現。董事長說：「本校在招生大環境艱困的情況下，我們今年的招生率高達九成二，這些都是我們辦學認真，強化教學實用的努力而來，並積極擴大產學合作，教導學生具備專業知識、實務技能與服務精神，讓學生享受到更好的學習品質與養成教育，使稻江能獲得社會各界的肯定與讚譽」。

三、本校既然是一所以「教學實用」見長的私立大學。未來如何繼續配合政府政策，積極結合地方資源，發揮本校師生專長，並對地方及高教做出貢獻，就是十分有意義及可拓展校譽的重要事情。例如最近本校的學務處、老福社工系在11月30日（即世界愛滋日前夕），共同協助縣府推動愛滋防治活動並舉行記者會；以及12月1日縣府與本校體育發展室，在

　　稻江民生學院中庭所合作辦理的「預防流感，全面開打；打
　　流感，好過冬」記者會；甚至是今年9月22日，由嘉義縣長
　　張花冠化身大廚，並特邀本校餐飲管理學系副主任吳文智老
　　師，為民眾示範創意料理做法所舉行的「杏福來抓寶」的杏
　　福菇產品發表及品嘗大會，都是為民服務的最佳實例。

四、另外，本校自今年12月1日起，由「圖資處」精心規劃，並
　　已開始發行的「稻江電子報」（不定期發送）及「稻江閱
　　報」（每月一次），將作為向全校同學及本校教職員，宣傳
　　學校重要事項及辦理活動的溝通工具。本人也希望各位系主
　　任及導師們，能多多善用這個平台，並協助其發揮「凝聚師
　　生心力」的最大功效！最後，祝福所有同仁，闔家平安健
　　康、事事順利！

張淑中 敬上　2016/12/5

第20封信　105學年度本校學士班新生註冊率84.04%

各位主管、各位教職員同仁：大家好！大家早安！

新的一年2017年來臨，首先祝福各位同仁及家人，新年快樂！平安健康！千事吉祥！萬事如意！也祝福本校稻江科技暨管理學院，學運昌隆！聲名遠播！招生滿滿！再創高峰！

一、去年歲末，12月29日，教育部首次公布大專校院各校系所及各學制的新生註冊率，105學年全國共有151個系所的註冊率掛零，公立學校有64個系所，私立有87個系所；註冊率在30%以下有268個系所，全國大學學士班註冊率低於6成以下的學校共有17間，其中註冊率最低的學校僅有18%。

二、教育部公布本校學士班的註冊率為84.04%，碩士班的註冊率為92.31%。上述成績，以學士班為例，是嘉義地區四所私立大學的最優成績；也勝過雲林及台南地區的許多私立大學。換言之，在過去一年高教大環境不佳、本校亦面臨危險困境中，以及外界都不看好情形下。居然，本校稻江科技暨管理學院的今年招生成績，還能在所有「雲嘉南」地區的私立大學中名列前茅，而且屬一屬二。以上難得成就，都是所有教職員夥伴們，一起奮鬥、共同努力的辛勞結果，在此本人非常感謝及衷心感激！

三、但面對上述成果，各位同仁千萬不能自滿，仍要提高警覺，並持續共同努力，才能讓學校再克服少子化的趨勢影響。因為根據教育部的資料顯示，明年招生情形更加嚴峻，國內大一新生數將首次跌破25萬人，亦即再減少1萬4000多人，創台灣新低紀錄。

四、再過兩星期多，本學期將結束，隨即寒假開始。本人希望負責教學的同仁們，在評定同學的期末成績時，都能從多元

的角度來評量、來打成績，亦即多鼓勵同學、多給予同學機會；除此之外，身為系主任或導師的同仁，也務必要叮嚀同學，寒假期間，騎乘機車務必要小心、要注意安全；尤其寒假打工的同學，千萬不能從事違法犯紀的工作。

五、最後，再祝福所有同仁，闔家幸福平安、事事順利，在金雞報喜的新年、好運連連！

張淑中 敬上 2017/1/3

第21封信　家長來函讚美稻江並感謝本校對學生的愛心照顧

　　各位主管、各位教職員同仁：大家好！大家早安！

　　2017年金雞來臨，本人祝福全體同仁及家人，在金雞報喜的未來一年，吉祥如意！大吉大利！尤其做任何美事或拿手工作，都能表現出「雞鳴聲曉」的卓越態勢！不只為自己、為家人，同時也能為學校爭光！另外，本人在百鳥迎春年，也對同仁們有三點期許：

　　第一、希望集合大家智慧及過去工作經驗，共同提高全校的行政效率，即遇到任何困難或新的挑戰，都要有不畏難、不怠惰、不推諉的勇往直前精神，確實了解問題所在，並將問題真正克服與解決，一起營造高效率的優質教學環境！

　　第二、希望各系所都能發揮創意精神，將自己系所特色形塑出來，即思考如何結合相關產業、區域文化及開發學生各種才華潛能，讓系所的名聲更響亮、更興旺、更遠播，亦即大力展開一番新氣象！

　　第三、希望本校稻江在金雞報喜年，能延續去年招生佳績再創新局，過去一年在大家共同努力下，本校招生成績在雲嘉南地區的所有私立大學中，名列前茅且是屬一屬二，希望今年大家持續奮鬥再創高峰！

　　另外，今年農曆過年前，個人接到表演藝術學程一位二年級學生家長的親筆來信，內容十分誠摯感人。其中信函內的幾段話，本人特別摘錄出來，供各位同仁知曉：「貴校教職員工，工作勤奮盡職，教學認真，熱忱又親切輔導學生，眾所皆知；貴校聲譽鵲起，遠播雲嘉南地區，為一所教學設備、環境優美、一應俱全的聞名學校；本人外孫女就讀貴校，幸好有貴校系主任、班

導、教授、心輔室老師格外的照顧與鼓勵，致有一些優異表現，
非常感謝師長們為她所付出的愛與鼓勵、照顧，不但讓她不至於
荒廢課業，更是她一路不畏逆境而奮發向上的最佳夥伴」。以上
該學生家長的真誠來函，相信大家讀後都會有感，此也是我們稻
江所有同仁未來更應發心做好教育工作，並繼續服務嘉南地方、
貢獻國家社會的責任所在！

　　最後，再祝福所有同仁，闔家平安健康、萬事順意！喜事連
連！

張淑中 敬上 2017/2/6

第22封信　善用嘉義在地資源創造學校優勢

　　各位主管、各位教職員同仁：大家好！大家早安！

　　過去台灣社會及經濟發展，長期以來，歷任政府都有「重北輕南」的現象。此由於北部地區（如台北市）為國家首都所在，且是國內政經中心的要地，因此工商化及現代化情形，自然會較南部地方優先與先進，也因而北部民眾享有較多的國家福利資源。但近年來，隨著台灣民意高漲、民主程度深化及多次政黨輪替經驗後，台灣「南北發展不均」現象，逐漸有被改善及平衡情形；換言之，南部地區經濟發展活動及一些重要建設，已開始陸續受到執政黨的規劃重視及民間企業的計畫投資！

一、例如交通部觀光局今（2017）年2月17日已正式宣布，「2018台灣燈會」將由嘉義縣主辦。屆時燈會舉辦地點，預定規劃在嘉義縣政府縣治特區、故宮南院以及蒜頭糖廠等地方；觀光局並估計，明年至少會吸引1000萬名以上的觀光客到嘉義地區一遊。（今年「2017台灣燈會」在雲林縣北港舉行了13天，最後共吸引約1360多萬名的國內外遊客前往觀賞）。

二、另外，今年1月17日的蘋果日報、聯合報及經濟日報，亦同時報導一則新聞指出，台商簡廷在先生（目前為「豪門國際開發股份有限公司」的董事長）為帶動台灣藝術人文發展，他計畫回台投資一百億元新台幣，打造一個文化藝術主題園區；簡董事長表示，他已與嘉義縣政府協商過，準備在嘉義縣大林引進一個綜合性的主題藝術情境園區，有台灣元素的博物館、城堡等美術工藝作品，希望帶動台灣南部的觀光旅遊，創造更多休閒觀光產業。

三、自從十年前，高鐵嘉義車站興建完工及正式營運後，本校不

只是嘉義地區也是國內最鄰近故宮南院及嘉義縣政府的大學;亦即本校距離上述兩地方,皆只有五分鐘內車程時間,極為便利,此即為稻江的另一優勢所在。未來整個嘉義地區或嘉南地區,在各級政府或民間組織有心規劃及投資下,相信仍會有繼續發展的潛力空間。而我稻江學院各系所與全體教職員同仁,未來要如何看清局勢、因應趨勢,以及善用在地資源創造自己優勢;期許每位同仁都要持續努力、再充實專業,甚至投資及培養第二專長,以能充裕應付未來的任何挑戰工作!

四、以上資訊,供大家參考及共同省思。最後祝福所有同仁,闔家平安健康、工作順利、事事如意!

張淑中 敬上 2017/3/1

第23封信　本校優秀校友獲選為「2017年全國模範農民」

　　各位主管、各位教職員同仁：大家早安！大家好！

　　本校稻江學院是由創辦人陳璽安先生、陳阿財先生於民國90年特選定人文薈萃之嘉義縣境所創設。當初創辦人以「滿招損，謙受益」創校精神之稻穗原型為校徽，期使個人修為應如「穗實則內斂」之內涵，以培育莘莘學子。雖然學校創建至今，僅十數個寒暑，但許多學生表現非常傑出，甚至畢業多年後，仍不忘母校栽培，進而回饋母校的行為，令人印象深刻！

一、出身養雞世家的農二代黃勝裕先生是本校畢業校友，今年剛獲選為「2017年全國模範農民」，由於感念母校栽培，特別將其所獲得獎金，捐贈給本校餐飲管理學系的學弟妹。本校今年3月16日亦特別舉行典禮，頒贈黃勝裕傑出校友獎。在典禮會場上，黃勝裕致詞時的一段話，令本校在場師生們十分動容。他說，有一次有位學生來找他買雞肉，說要參加比賽用，他一聽說是稻江的學生，即二話不說免費贊助；事後，這位學生非常有心，還慎重地傳比賽得獎成品給他看，不只他一看驚豔，那次學生的作品竟奪下黑龍盃烹飪大賽的全國冠軍；不只如此，黃勝裕另外在一次稻江學生參加校外展售試吃活動中，他看到餐飲系同學為呈上最鮮美雞湯的設想周到與專業表現，加上自律形象、維護校譽的主動精神令他感佩，黃勝裕說：「當時這位學生身上穿的制服，繡有「稻江」二字，我看了突然覺得榮耀又內心激動，因為離開母校已有10年了，第一次看到這兩個字會這麼感動」。因此當下他就立下心願說，未來如果有機會，我一定要回饋學校，幫助學弟妹。

二、另外一個例子，今年3月上旬，有兩位稻江畢業校友，邱志軒先生和吳佳真小姐，兩人在九年的愛情長跑之後，特別選擇在他們倆人充滿美好回憶的稻江校園裡拍攝婚紗照片；當天本人也特別撥空並率學校教職員同仁們恭喜這對新人，並祝福他們「永浴愛河、白頭偕老；永結同心、真愛永遠」。兩位新人邱志軒和吳佳真都是本校應用外語系的畢業生，佳真比志軒小六歲，兩人原本沒有機會在校園裡碰面，但因兩人都喜愛社團活動，志軒畢業後經常回到母校的籃球場和學弟妹們打球，因此有機會在籃球場上認識佳真，從此展開長達九年的愛情長跑。問到他們為何會選擇母校作為婚紗照片的拍攝地點，他們異口同聲說：「希望母校稻江為我們的締結連理留下最好的見證。」

三、本人特別提出上述兩件事情，是希望讓所有同仁們省思及了解到，本校學生不論其出身背景如何或其資質是否優秀，每一位學生我們都不放棄；換言之，每一位學生，都是我們稻江的孩子，都是我們稻江的寶貝；本校稻江這個大家庭，都有義務與責任，把他們教導好，把他們訓練好，讓他們具備一技之長並有翻轉弱勢的機會；因此各位教職員同仁，千萬不要小看自己的教育功能或工作影響力，即平日大家對同學們的辛勤教導、辛苦照顧，其實他們都能感受到學校的用心及付出，也都會永記在心中！

四、最後，祝福所有同仁，工作愉快！平安健康！

張淑中 敬上　2017/4/6

第24封信　全國有17所私立大學新生註冊率不到6成

　　各位主管、各位教職員同仁：大家好！大家早安！

　　再過11天，就是母親節的到來，本人提醒各位同仁，屆時別忘了向辛勞的母親大人，說一聲：母親節快樂！ 以下有兩件重要事情與各位分享：

一、上（4）月13日及14日兩天，本校接受教育部安排的「校務評鑑」及實地訪視。為了準備這五年一次的校務評鑑工作，承辦單位的研發處同仁們，在前置作業的準備過程中，付出許多心力及辛勞；另外，本校相關單位的教職員同仁，亦都努力的配合作業，本人非常感激！此次共有11名評鑑委員及4位專員蒞臨本校進行評鑑工作。當中，一些評鑑委員針對本校的校務發展狀況及各單位業務推行，提出許多的寶貴建言及興革意見，本人希望研發處及相關單位的主管同仁，都要以正面態度看待之；亦即認真記下這些意見，自我檢視、省思並建立檔案傳承下去，以及確實檢討改進，以作為下次評鑑來臨時的重要參考。簡言之，能從評鑑委員的專業眼中，看出本校的一些問題而予以根除，對本校未來的校務發展著實有增進的功效！

二、4月23日國內媒體有報導指出，位於苗栗縣的「亞太創意技術學院」由於教學品質不佳、師資專業專長不符、積欠薪資，以及105學年大學部註冊率僅46％等種種問題，可能會被強制全面停招，成為新政府上任後，第一間被迫轉型或退場的學校。上述訊息刊出後，引起一些大學的議論紛紛。其實至今為止，教育部從未正式對外公布可能退場、轉型或輔導學校名單；但教育部去年12月公布大學學士班註冊率不到6成的學校共有17所大學，本校稻江並未在名單內。事實

上，教育部去年正式公布本校碩士班的註冊率為92.31%，學士班的註冊率為84.04%，上述成績以學士班為例，是嘉義地區四所私立大學的最優成績。換言之，本校建校以來，一直努力辦學，師資優良盡責；除此之外，學校對外從無任何借款或預定借款計畫，舉債指數為零；且每月定期發放教職員工薪資及年終獎金，也從無積欠教職員工薪資情事；未來只要全體同仁齊心努力，持續做好招生及教學工作，並讓各界刮目相看，就不必憂心或憂愁大學退場、轉型等流言的散播或出現！

三、最後，祝福所有同仁，工作愉快！身體健康！闔家平安！

張淑中 敬上 2017/5/3

第25封信　暑假時期天氣炎熱同仁應多喝水以補充水分

各位主管、各位教職員同仁：大家好！大家早安！

端午佳節過後，逐漸進入暑假時期，中午天氣特別炎熱，但近日來又不時下大雨，又急又快。因此，本人提醒各位同仁，除隨時多喝水、補充水分外，出門也要備妥雨具以免淋溼，不利身體健康。另外以下三件事情，向大家報告及分享。

一、本（6）月17日（星期六）上午，學校將舉行一年一度的畢業典禮。此盛大日子，本人希望擔任畢業生班級的導師同仁及各系主任，一定要提醒及鼓勵同學們（即今年畢業生），務必要參加學校為他們所舉行的畢業典禮，以留下未來美好回憶，千萬不要缺席；除此之外，學校更歡迎他們的家長、家眷及親朋好友，都能來參加典禮並見證他們成功的完成學業。因為在人生旅途中，每一個人有真正大喜的日子，其實並不多，尤其是以自己為「主角」的公開慶賀儀式，除了最重要的「結婚典禮」之外，可能就屬「大學畢業典禮」（不論是取得學士或碩士學位）有其重要意義了。

二、此次畢業典禮舉行完畢後，就是暑假的到來。在長達兩個月的休息時間，本人也希望所有教師同仁要提早叮嚀同學，在暑假期間，千萬不要任意到河邊、海邊玩水，也不要從事違法或危險性高的打工行業（例如在高樓擦玻璃或在工地扛重物等）；除此之外，更要告知騎機車的同學，平日騎機車一定要戴安全帽，且務必遵守交通規則，千萬不能搶快及闖紅燈。

三、另外，最近是國內各大學招生的高峰時期及衝刺階段，各校招生競爭激烈，以致以黑函、耳語，或是惡意攻擊、破壞他

校名聲的現象，研判會很多。但本人希望全體教職員同仁，一定要挺過這段壓力期，心理千萬不要受到影響，只要我們一步一腳印，合作努力持續做好招生工作，一定能夠再創佳績。再度感謝有志在稻江一起工作，願意與本人攜手並進，以及能共體時艱的同仁，祝福大家！萬事順意！闔家安康！

張淑中 敬上 2017/6/5

第26封信　國內報紙與電子媒體大幅報導稻江畢業典禮相關新聞

各位主管、各位教職員同仁：大家好！大家早安！

有一句成語叫做：「天助自助者，自助人恆助之」相信是大家常常聽到，並且耳熟能詳的話。這句話的意思是說：「老天爺只有幫助那些會自己幫助自己的人，如果人願意自己幫助自己的話，其他的人也一定會來幫助你」；另外，儒家也有個類似成語：「人必自助，而後人助」，亦是相同意涵。以上的人生道理，讓本人最近思考及連想到一件事情，分享各位同仁知悉。

一、大家都知道，任何政府單位或私人公司，舉行重大慶典活動，最擔心的就是天候因素。因為當天的天氣若十分惡劣，多少都會影響賓客的出席意願。上（6）月17日（星期六）上午10時，是本校舉行一年一度的畢業典禮。但在此重要日子來臨的前三天，中央氣象局特別提出警告說，整個台灣將會面臨新一波梅雨鋒面且伴隨強大的西南氣流，預計從周三（14日）開始，將持續影響至少一周以上的時間；當時氣象專家並預測這波強大梅雨將會影響南台灣地區（例如嘉義、台南、高雄）更大且雨勢可能驚人，即短時間的劇烈降雨會帶來嚴重威脅，希望南部民眾要做好防雨準備，千萬不可輕忽。

二、上述訊息，經國內各大媒體及電視台廣泛與密集報導後，果不其然，接下來的連續幾天，整個台灣確實都是「暴雨」、「炸彈雨」侵襲的日子，甚至是6月16日（星期五）的畢業典禮前一天，整個雲嘉南地區依然是傾盆大雨，尤以雲林及嘉義朴子為最。相信當時有許多同仁都曾擔憂與關心，舉行畢業典禮的當天上午，若真的刮起暴雷雨，恐會造成貴賓、

同學及家長們出席人數的減少。然而奇蹟出現了，6月17日凌晨至天亮確是豪雨未歇，可是上午7時50分當本人座車進入校園大門時，發現雨勢突然驟停，隨後自上午8時起至12時20分期間，幾不曾再下大雨且天氣逐漸放晴，直到12時20分之後，才又開始急雨不斷。

三、或許是各位同仁一年來工作的齊心努力，以及準備此次畢業典禮的特別用心，讓老天爺動容也想助一臂之力，幫助稻江學院克服困境。也因為畢業典禮當天上午的晴朗天氣，使許多畢業生可到校園各地拍照留念、而本校所邀請的各界貴賓亦能全部到齊、家長們觀禮人數更比當初預期達一倍之多（估計有300多位家長參加此次典禮，擠爆國際會議廳）；不只如此，本校大門口當天也難得出現多名賣花的小販，隔天國內各大報紙與電子媒體亦皆有報導出本校畢業典禮的相關新聞等。以上種種情事，能同時順利進行並最後圓滿完成，是不是印證了「天助自助者」這句話？有時還真是有點道理。最後祝福各位同仁！平安快樂！闔家安康！

張淑中 敬上 2017/7/3

第27封信　台灣少子化趨勢亦衝擊全國高中職的生存命脈

各位主管、各位教職員同仁：大家早安！大家好！

一、當前已是進入招生的最後衝刺階段，各位同仁辛苦了！近年來，台灣少子化趨勢的現象，不只是影響到國內各私立大學的經營發展，其實更強烈衝擊到全國各高中職的生存命脈。今年7月上旬，教育部對外公布一份資料，今年高中職免試入學嚴重供過於求，全國核定招生24萬多人，只有17萬多人報名，招生不足空出的缺額多達7萬人，史上最多。以上數據代表了，今年106學年度會有許多的私立高中、高職招不到學生，而能招收到五、六成學生的私立學校，算是成績不錯了。

二、然而，即使上述勉強能招收到五成至六成學生的一些私立高中職，教育部亦坦誠表示，未來這些學校也會因為學費收入的不足、財政的困難，很難生存與運作下去，最後還是會面臨退場或轉型的危機。以上情形及推論，用之於目前的各私立大學，其實亦是同樣的道理；此也是為何教育部一再宣示及提醒，連續兩年未達招生率（學生註冊率）六成的私立大學，將公布其學校名單。以上情事，本校所有同仁必須深入了解與警惕的地方。

三、目前雖為各級學校的暑假期間，但亦是私立大學招生的重要關鍵。許多同仁努力招生的日夜辛苦，本人非常明白也非常感謝。本校所以要將招生率的目標定在八成以上，除希望能遠超過教育部的基本標準（至少六成）外，另一個重要原因，就是本人體察到，過去幾年本校學生的流失情形（例如轉學、休學或退學）十分嚴重，如此狀況發展下去，將不

利於學校的永續生存。換言之，未來本校除了要衝高「招生率」（學生註冊率）及「轉進率」（亦即多招收一些轉學生），以增加本校與他校的競爭優勢外；本人亦希望教職員同仁也要多多關注「在學率」的問題，亦即大家要共同努力幫忙學校留住學生。否則，某一學系看似招生率不錯甚至近滿招，但每年卻留不住學生（即學生「在學率」極低），則如此這一個學系對學校的貢獻其實是不大。

四、總之，「在學率」與「註冊率」是同等重要，千萬不可輕忽。這兩年來，幸好在全體同仁的齊心努力下，本校辦學成效已漸漸受到各界肯定，也因而學生流失現象已有逐漸改善情形；除此之外，學生住進宿舍的人數，也逐年呈現穩定成長、流失不大的狀態。以上都是好現象，希望都能維持下去！最後，本人要祝福所有同仁，工作愉快！平安健康！家庭美滿！另外，大家也別忘了明天是父親節，要向家人說一聲「爸爸節快樂」！

張淑中 敬上 2017/8/7

第28封信　未來每位老師都要重視「專業專教」問題

各位主管、各位教職員同仁：大家早安！大家好！

一、上個月（8月7日），本人於第二十七封信的內容中，特別向各位同仁說明及解釋，為何本校「招生率」（新生註冊率）必須達成80%以上的主要原因；此外，也請大家要同時留意「轉進率」（即多招收一些轉學生）及「在學率」（即減少學生有轉學、休學、退學現象）的重要影響問題。今天本人接著要向所有同仁，再談另一個重要議題：專業專教。

二、近年來，由於少子化現象愈來愈嚴重，已造成許多私立大學的招生與經營困難；再加上教育部也有意順此趨勢，推動私立大學的「退場」或「轉型」計畫。因此一些「新生註冊率」未能達到60%，或是「教學品質」不佳的私立大學，就會成為教育部的首要改革對象。其中，教育部對於一個私立大學「教學品質」的優劣好壞，其中評定的一個標準就是「專業專教」。

三、所謂「專業專教」的基本原則與觀念，就是指一位老師，不論為專任或兼任性質，他所提出的學歷證明（例如博碩士學位證書）、專業證照（例如由政府部門或考試院所頒發的專業證書）或其優異表現（例如參加國內外重要比賽多次獲獎證明）等，皆足以作為及認定目前他在本校所任教的系所，是有資格能力可以教授某種專業課程。而上述「專業專教」原則的給予落實，不只是對同學們的授課權益有所保障，也代表本校教師的品質是有相當的水準。

四、換言之，即使一位老師擁有很好的學歷，但不符合「專業專教」就不能開課。近年來，為因應少子化的嚴重危機，本校正朝「小而美，小而精緻，小而優質」的方向發展，有些

系所裁撤或合併，或為因應學校整體政策發展分發他系，以致沒有適當的課程可教授；在此情形下，則這些老師就必須共體時艱，再利用時間修習第二專長（如攻讀另一個碩士學位），才有至其他系所任教的機會，否則恐導致教育部非議，繼而懲處本校，甚至影響其他同仁的工作權益。兩年前，本校有一位擁有美國史丹佛大學機械工程系博士學位的專任教授，後來了解及體諒到本校安排其課程的困難，最後願意且主動提出辭職，也即是不得已的情形。

五、對於一些擁有博士學位、但願意再充實自己專業（即攻讀另一個碩士）的本校老師，本人深致謝意及感佩各位的付出。此除了顯示大家是有繼續在「稻江這個大家庭」服務下去的意願之外；也表示大家都明瞭到教育部「專業專教」規定是必須遵守的，否則本校「教學品質」就有被持續檢討的可能，而此情形也將不利於本校未來的永續發展。

六、其實，培養第二專長、擁有第二專業，已是社會各界肯定與普遍的現象。本人在此也分享一個訊息給各位，今年6月17日本校所舉行的畢業典禮，其中「營養科學學系」學士班，有一位應屆畢業生，他本身是國立中正大學的專任教授，並擔任許多協會的理事長；換言之，這位男教授非常有鬥志、利用教學的空檔時間，來本校稻江修習另一個學士學位，他這種終身學習精神，令人十分敬佩，本人也在畢業典禮前夕特別接見了他。

最後，本人祝福所有教職員同仁，工作順心如意！闔家平安健康！

張淑中 敬上 2017/9/4

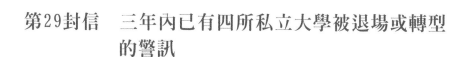

第29封信　三年內已有四所私立大學被退場或轉型的警訊

各位主管、各位教職員同仁：大家早安！大家好！

一、上個月（即九月上旬），國內有多家媒體皆陸續報導出兩則重要訊息，皆是與私立大學的招生成績不佳有關，本人有必要轉達全體教職員同仁知悉。

二、此訊息是，國內有兩所私立大學明年將處於退場或被迫轉型的狀態。第一所，是位於花蓮的「台灣觀光學院」，由於今年（106學年度）只招收到74名新生，其中廚藝系招到35人，其他6系合計招到39人；結果該校董事會做成決定，除了廚藝系之外，明年將全面停辦6個科系。第二所，是位於高雄市的「和春技術學院」，由於該校是被教育部列為專案輔導的學校，不只財務狀況不佳、長期積欠老師薪水，甚至大幅減薪，教學品質也很差（例如師生比未達教育部的標準）；另外，該校今年招生率亦只有三、四成左右（去年也未達六成的招生率），因此教育部已做出決定，明年（107學年度）將停招該校6個學系，減少該校共1045個招生名額。

三、由於先前2014年，國內已有兩所位於屏東的私立大專校院，皆是因多年來的招生成績太差，學校無法生存而被退場（即停止辦學），一所是「高鳳數位內容學院」，另一所為「永達技術學院」。換言之，如果再加上前述的「台灣觀光學院」與「和春技術學院」兩所私立大學皆被嚴重停止招生的狀態，等於最近三年內，國內就有共四所的私立大學是被退場或被迫轉型，可謂是情勢非常的嚴峻。

四、上述情事，讓本人想到兩句重要成語，即「居安思危」及

「生於憂患，死於安樂」；本人所以常常在不同的會議場合，隨時向大家強調及提醒「招生、招生、再招生」的重要性，即是希望大家要真正了解到，在目前台灣高教環境不佳的情形下，只有大家齊心合作並攜手努力，共同做好招生工作，稻江才有永續經營及持續發展的機會。最後，本人祝福所有教職員同仁，工作順心如意！闔家平安健康！雙十佳節愉快！

張淑中 敬上 2017/10/6

第30封信　要防範大學生因分手而造成情殺或自殺事件的發生

各位主管、各位教職員同仁：大家早安！大家好！

本校17週年的校慶活動，即將於本（11）月25日到來，屆時歡迎大家帶家人或朋友們一起來參加！接下來，本人有一個觀念與想法，希望與各位同仁分享並作為參考：

一、上（10）月20日，國內大學校園發生一樁嚴重的凶殺案，一名台灣科技大學剛畢業男學生帶著硫酸和利器前往台灣大學的女生宿舍前，找一名台大心理所的男同學談判，言談之間發生激烈爭吵；宿舍的女舍監雖出面勸架，但這名早有預謀的台科大男學生仍朝向台大男同學及舍監兩人猛潑硫酸，再拿出刀子追殺男同學並隨後割喉自殘，此事件最後造成一死三重傷的慘劇。

二、近年來，國內各公、私立大學，已發生多起分手情殺、自殺之案件；在此類案件中，不論是「男學生殺害女學生」、「男學生殺害男學生」或「當事人受不了對方情變而自我結束生命」，上述任何的一種情形發生，皆會造成當事者的父母、家人，以及學校的極度傷痛。

三、雖然有關校園暴力事件的發生原因或為何一位看似乖巧的學生最後竟會變成恐怖情人，我們很難去了解到全盤真相、真正原因。但只要各位教職員同仁及班導師同仁，平日於校園生活中，能多細心一下、多觀察一下、多留心一下，亦即發現到某一位同學，有突然情緒不穩定的情形發生（例如狂悲、狂喜、狂怒），或是警覺到同學有藥物濫用、飲酒大醉、自殘行為等不正常現象；此時各位同仁，如果能即時通知系主任、導師、校安、心輔專業人員等，前來處理並關

心這位同學，或許無形中就能阻止了一件可能的校園悲劇發生。

四、當然，有時候，面對一位嚴重失去理性的人或是情緒容易衝動、易怒的人，我們的同學以及教職員同仁，也要懂得「保護自己」，亦即也要有警覺心，防範對方傷害到自己身體或危害到自己生命的可能。例如，以前述的台科大男學生殺人案為例，當時台大宿舍的那位女舍監，由於自信能解決問題，因而未即時再通知其他的男性宿舍管理員或學校的駐衛警，來一道處理兩位男同學的爭吵事件，最後導致自己也被凶嫌潑灑硫酸而被送進醫院加護病房急救的不幸場面。

五、今年11月1日，由學務處舉辦的「校長與師生有約」座談會，本人在會議中，特別提出「十種生活能力」的養成，來勉勵本校同學，包括：證照考取、實習產學、敬業感恩、人際關係、情感獨立、保護自己、運動習慣、紓壓管道、正向思考、語文能力等，其中懂得「保護自己」（例如不吸食毒品、騎機車不搶快或不從事有危險性質的打工行為等）的生活能力，更是非常重要，相信大家都應該有所領悟並能體會。最後，本人誠摯祝福所有教職員同仁，生活順心愉快！闔家平安健康！

張淑中 敬上 2017/11/6

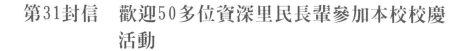

第31封信　歡迎50多位資深里民長輩參加本校校慶活動

各位主管、各位教職員同仁：大家好！大家早安！

一、今年11月25日（星期六）上午，本校所舉行「創校17週年校慶紀念大會」，受到社會各界、地方民眾的高度矚目；尤其當天本校表揚及頒發「稻江家族榮譽獎」的此項訊息，事後更被國內各大平面及電子媒體，例如聯合報、自由時報、中國時報、中央通訊社，以及台視新聞、世新地方新聞等電視台廣為報導。對於主辦單位學務處，以及祕書室、總務處等相關單位同仁，在此次校慶的事前周延規劃、努力籌備辛勞，加上全校各系所師生的用心配合，共同讓此次年度的大型活動能圓滿成功，本人十分感謝！

二、此次盛會冠蓋雲集，除了本校創辦人陳璽安、新任董事長陳盛嘉、嘉義縣副縣長吳芳銘、多位嘉義縣議員、地方首長、企業界董事長、高中職校長、畢業校友等貴賓出席大會外；最特別的一群客人，就是鄰近本校的安仁里亦有50多位資深長輩，首次應邀並參加本校的校慶活動，此代表本校「敦親睦鄰」理念的具體實現；未來本校若有機會，再舉辦一些重大活動，本人也都會考慮並適時邀請附近的資深公民前來參加本校活動。

三、近兩年多來，本校在人事、財務、法規等方面進行改革，以及辦學目標亦重新調整，也因而稻江逐漸脫離過去的負面形象，往好的方向發展且成效顯著，令外界耳目一新；尤其許多同學的努力傑出表現，更是讓社會各界稱讚不已，例如今（2017）年2月本校動遊系同學在波蘭贏得全球電競大賽總冠軍，今年8月休憩系同學又在中國大陸勇奪「海青盃海峽

兩岸棒球邀請賽」總冠軍，以上優異成就，不但為國爭光，也大大提高了本校的知名度。然而，即使有了上述初步改革與難得的累積成就，但本校發現仍有極少數同仁不以為然，不只反對改革，甚至還私下勾結外人做出破壞本校校譽、毀損首長名譽、傳播不實資訊等非法情事。其實，依現行《稻江科技暨管理學院教職員工獎懲辦法》第四條內容規定：「煽動造謠、挑撥離間，意圖造成校園不安或對立者」是可以給予記大過；另外「故意傳播或散布不實資訊，以及煽動造謠、挑撥離間，意圖造成校園不安或教職員工對立，情節嚴重者」學校亦得予免職或解聘。

四、總而言之，稻江是一個大家庭，千萬不能有分裂情形發生，各位同仁能生活在一起、工作在一起，都是人生難得機緣！俗話說：「有福同享、有難同擔」，大家有此理念、有此信念，共同努力、合作團結，並且突破各種困境（例如台灣少子化趨勢所帶來的高教招生危機），如此大家生活才能快樂！大家工作也才會有意義！最後，祝福所有教職員同仁，闔家平安健康、事事順心如意！

張淑中 敬上 2017/12/1

第32封信　106學年度本校學士班新生註冊率高達 85.88%

　　各位主管、各位教職員同仁：大家好！大家早安！

一、首先，祝福全體同仁，新年快樂！萬事如意！尤其在2018新的一年，本人希望大家所立下的志願，都能十「犬」十美的實現！並且全年「旺旺」來福及招財進寶！

二、去（2017）年12月28日，教育部公布106學年度大專校院的「全校新生註冊率」，結果全國159所學校中，共有19所大專校院的新生註冊率低於六成，其中更有8所私立大學是被各界認為未來有「退場」的嚴重風險。因為，根據教育部已送至立法院的「私立大專校院轉型及退場條例草案」；其中草案第7條內容明訂「全校學生數未達三千人，且最近二年新生註冊率均未達百分之六十」的私校，則將列為「專案輔導學校」，亦即未來有被迫轉型或強制退場的可能。

三、依據教育部統計處「大專校院系所特色及查詢系統」的公布資料（https://stats.moe.gov.tw/enrollweb/Default.aspx）顯示，105學年度稻江學院的大學新生註冊率為84.04%；106學年度的大學日間部註冊率再高達85.88%、全校註冊率為85.81%。以上數據都說明了，本校近兩年的招生成績，在雲嘉南地區可謂是名列前茅，甚至在嘉義地區私立大學中亦是屬一屬二；以上成果，除歸功於全體同仁的努力辛苦招生，也證明了本校的用心辦學亦已逐漸受到社會各界及地方肯定。

四、由於去年招生率或新生註冊率不佳的許多大專校院，陸續地被各大媒體公然揭露出來，不論是平面或電子媒體刊載出的8所、17所或19所學校，其實這些學校都已受到傷害。因

為，被教育部認定且新生註冊率低於六成以下的私立大學，這些學校的老師、學生或全體員工，都會有所恐慌與心理不安；此因該等私校未來很可能被教育部列入「專案輔導學校」名單內，如此結果，即使未被教育部判處「死刑」，也等於被判了「無期徒刑」一般，對這些私立大學的生存發展或未來招生，肯定都將有嚴重的不利影響。

五、未來「台灣少子化現象」一定會繼續存在，如何因應及突破高教招生危機，仍是本校全體同仁必須合作且持續努力的目標。各位同仁不只應記取其他大學的教訓、更要珍惜本校現有的辦學成果；簡言之，本人期許大家，將來除要共同做好招生工作之外，也要同時做好教學品質維護、推動進修推廣、擴大產學合作等重要工作，甚至思考如何協助並引進企業前來投資，如此稻江才能真正永續發展！最後，祝福所有教職員同仁，闔家平安健康、事事如意順心！

張淑中 敬上 2018/1/2

第33封信　學校中每一位孩子都是我們稻江的寶貝

　　各位主管、各位教職員同仁：大家好！大家早安！

一、雖然現值歲末寒冬，但春節氣氛已漸濃；換言之，再過九天，為國曆2月16日，也就是農曆大年初一的到來。由於「春節」向來是我國及全世界各地華人社會，最重視的傳統新年，又稱「歲首」、「新春」、「正旦」，有迎新送舊、一元復始、萬象更新的積極正面之意。在此，本人也藉春節的即將來臨，先祝福全體同仁，新年快樂！萬事如意！心想事成！

二、上個月，2018年1月，本人分別參加了兩場學校老師的結婚典禮。第一場是休閒遊憩管理學系葉龍泰系主任與李雅芬老師於1月13日（星期六）在嘉義縣東石鄉舉行的結婚典禮；第二場是時尚美容藝術管理學系陳雅齡老師於1月28日（星期日）在台北市內湖區舉行的結婚典禮。

三、在參加上述兩場老師們的婚宴中，本人除公開致詞並誠摯祝福新人們，能夠永浴愛河、白頭偕老、天長地久、永遠心心相印外；最令本人感動與印象深刻的事是，在那兩天周末假期，也有許多本校主管同仁及教職員攜眷扶幼，主動參與了三位老師的大喜婚宴，充分表現出本校團結一心的精神。

四、自從接任校長工作的兩年多來，本人常常在會議中或不同公開場合，勉勵並提醒所有同仁：「學校中的每一位孩子，都是我們稻江的寶貝」，希望大家多愛護他們、多照顧他們。同樣的道理，「學校中的每一位同仁，都是稻江大家庭的一份子」，大家更要彼此關心、相互照顧，並要具備「有福同享、有難同擔」的同心理念，如此這個大家庭，才能逐步茁壯、真正成長，大家也才能合作努力，突破各種環境的挑

戰！

五、再過三天，也就是2月10日開始，大家就要提前過春節假期
　　了，本人再次祝福所有教職員同仁，闔家幸福平安、事事吉
　　祥如意！天天快樂健康！

　　　　　　　　　　　　　　　　張淑中 敬上　2018/2/6

第34封信　韓國高中和大學棒球隊進駐本校展開冬季移地訓練

各位主管、各位教職員同仁：大家好！大家早安！

一、上個月為重要的春節假期及農曆新年，各位同仁不論是在國內與家人團聚、拜訪親友、出外郊遊；或是出國旅遊、看看外面世界、增長見聞，本人相信，大家都是有所收穫，過得十分充實！

二、但是今年過年前的2月6日晚上11時50分，花蓮地區發生芮氏規模6.0的大地震，造成當地許多民眾傷亡、多處大樓坍塌、道路嚴重龜裂，以及電力工具、通訊設施等公共設施，皆受到嚴重毀損的新聞訊息，想必各位教職員同仁，亦是印象深刻、有所感觸。

三、台灣為四面環海的海島型國家，未來類似此種由於天然因素（如颱風、海嘯、地震）所造成的重大災害，可能隨時隨地會在國內各地發生；本校全體同仁，除要建立此基本知識及心理認知之外，平日不論在上班場所或自己家中，可能也都要事先做好各種防護作為以及緊急應變的救濟之道（例如遇到突發的大地震時，至少不能過度慌張，並應立即尋求能保護身體的地方躲避），如此才能減少危難事件對自己及家人的傷害。

四、今年寒假及春節期間，其實本校校園並不是處於完全靜止狀態，還有一些棒球活動持續進行。例如韓國的城南高中（計有32名棒球生）、北一高中（33名棒球生）、徽文高中（28名棒球生）以及著名的嶺東大學（40名棒球生），皆陸續由他們總教練率隊來台，並專擇本校的兩座標準棒球場，展開冬季移地訓練（上述球隊在本校球場集訓近一個月，直至2

月17日才離校返國）；而目前也仍有韓國知名的職棒NC恐龍隊（約50名球員），在本校進行移地訓練，預計在3月18日結訓。

五、另外，「2018台灣燈會」已於2月16日在嘉義縣政府文教區盛大展出。為配合此項國家級的大型活動，本校亦全力投入此一盛會，並斥資百萬餘元（由學校出資及對外募款）特別製作了一座巨型的棒球花燈參加展覽（預定在3月2日配合2018台灣燈會主燈，屆時同時點燈並公開展出）。此次本校花燈是以台灣「國球」為設計構想，並以「稻江大學最棒」為命名主題，相信此一高達5公尺，寬6.5公尺，深4公尺的大型棒球花燈，屆時將會是所有展出花燈中，最有特色、最有活力、最受各界矚目，也是最能表達本校奮鬥精神的一組創意花燈！

六、以上訊息及本人心得，分享給所有教職員同仁。最後，祝福大家，工作愉快、事事順利、闔家平安健康！

張淑中 敬上 2018/3/1

第35封信　本校棒球隊勇奪並晉升全國大專盃公開組一級競賽資格

各位主管、各位教職員同仁：大家好！大家早安！

一、明天，即4月4日起，會有連續五天的兒童節及清明節假期。本人希望所有教職員同仁，不論是已計畫帶小朋友、家人出外旅遊，或是將進行掃墓祭祖工作；只要在外任何活動，都務必要隨時、隨地注意交通安全以及火苗的謹慎使用！

二、本校稻江棒球隊，今年參加「106學年度全國大專院校棒球聯賽公開組二級」比賽，首先在3月上旬賽程，成功的擊敗了萬能科大、城市科大、中華醫大、嘉藥大學、交通大學等隊伍；緊接著，3月中旬複賽，在高雄開打，本校棒球院隊在最後的四強決賽中，再陸續地擊敗了實力強勁的嘉藥大學、中信金融等棒球隊伍，最後以優異總成績，勇奪並晉升全國大專盃公開組一級競賽資格。

三、全國大專校院棒球聯賽是由中華民國大專體育總會所主辦的國內大專棒球賽事。根據2018年的最新官方資料顯示，全國大專校院棒球聯賽共分為三個等級：第一級：公開組一級（目前有16支棒球隊伍）；第二級：公開組二級（有21支棒球隊伍）；第三級：一般組（共有86支棒球隊伍）。

四、換言之，在全國超過一百多所大專院校設置有棒球隊中，本校稻江棒球隊的實力排行，可謂是已進入了「全國大學16強」的正式行列；此也意味著，自107學年度開始，本校棒球隊所參加的每一場比賽，未來對手絕對是一個比一個強悍，比賽過程也絕對是一場比一場艱辛。

五、本校2013年年底成立「稻江棒球隊」，在總教練、教練及全體球員的合作努力下，隨即在2014年3月勇奪「全國大專

院校棒球運動聯賽公開組二級」冠軍；2017年8月遠赴中國大陸贏得首屆「海青盃海峽兩岸棒球邀請賽」冠軍；今（2018）年3月再拿下「全國大專院校棒球運動聯賽公開組一級」競賽資格。以上棒球隊長期奮鬥的不懈精神，都是值得大家公開表揚及各系所同學可學習的對象。

六、進入公開組一級後，未來本校棒球隊的任何比賽，雖然會如同大家的「招生工作」一般，即環境愈來愈激烈、愈來愈競爭；但本人相信，只要全體同仁能夠堅定信心，並持續團結努力、累積經驗、厚植實力以及守住勝利成果，必能再繼續突破任何困境及挑戰！

七、最後，本人祝福所有教職員同仁，闔家平安快樂、事事順心如意！

張淑中 敬上 2018/4/3

第36封信　不能輕忽任何一位同學長期上課缺席的現象

　　各位主管、各位教職員同仁：大家早安！大家好！

一、2018年4月28日（星期六）蘋果日報刊出一則新聞報導指出，有一名東海大學林姓2年級男大學生，自去（2017）年10月底起，一直未到校上課，林母不滿校方未通知，讓她今年1月才發現兒子已缺課3個多月，氣得對校方寄出存證信函，不排除上法院提出告訴並求償。然而東海大學指出，林生已辦妥休學，校方曾在學期中、學期末，因該生成績不好通知家長，但不知林生為何沒告知家長有休學的想法，且該生已20多歲，「具有絕對的自主能力！」。

二、上述事情的起源及演變結果，給予本校所有教職員同仁，尤其是擔任「導師」的同仁們，一個很好的經驗啟示。即是未來絕對不能輕忽任何一位同學的長期上課缺席，也不能只依賴一紙通知公文來傳達訊息；必要時，身為導師的同仁都至少要以電話與同學的家長溝通連繫，甚至親自上門拜訪同學的家長或家人，以了解同學為何常常曠課、不來上學的真正原因，如此才不會產生任何的後遺症。

三、除了「曠課」問題之外，本人也希望大家要關注「休學」與「退學」問題。此因本校有許多學生係來自於弱勢家庭，常會因經濟因素而有休學或退學情形發生，如果任此狀況發展下去，而本校又未協助同學解決困難，此都將不利於學校的永續發展。故本人再次提醒所有同仁，未來本校除了要維持一定水準的「招生率」（學生註冊率）及「轉進率」（寒暑假多招收轉學生）外，也請各位導師同仁亦多注意「在學率」問題，亦即拜託大家要共同努力幫忙學校留住學生。

四、最後，本人祝福所有同仁，工作愉快！平安健康！家庭美滿！另外，別忘了再過8天，就是媽媽節的到來，各位記得要向家人說一聲「母親節快樂」！

張淑中 敬上 2018/5/3

第37封信　稻江舉辦「社團成果展演感恩音樂會」 回饋地方鄉親

各位主管、各位教職員同仁：大家早安！大家好！

一、這一段時期，大家工作忙碌、招生十分辛苦，本人非常感謝各位對學校的心力付出！也由於大家的盡心盡力、團結合作，上個月，本校成功圓滿的舉辦兩場公開重要活動，皆受到社會各界以及嘉義地方的矚目！

二、第一個活動，是為了感謝嘉義地方鄉親對本校的長期支持與愛戴，本校於溫馨母親節的前一周，即2018年5月4日晚間，特別在朴子市的樸仔腳火車頭公園的廣場，舉辦「親善社區-社團成果展演感恩音樂會」，將稻江的專業教學特色與創意作品成果，分享給地方社區民眾。包括有博弈體驗、美甲彩繪、法律諮詢、手工日本和服展示、摺紙藝術與針繡體驗、手工咖啡和啤酒釀製、手做卡片DIY、動感遊戲體驗；以及鼓樂秀、電音秀、電吉他、和弦樂、魔幻秀、氣球秀、能量律動健康操、快樂動物農莊以及樂齡大學韓國舞等節目的精彩專業演出，都讓地方民眾，留下深刻印象，並且稱讚不已。

三、第二個活動，是為了讓更多稻江學子能夠減輕家庭經濟負擔，並同時實現報效國家的從軍夢想，本校特別規劃在5月17日與國防部合作舉辦了「ROTC」（大學儲備軍官訓練團）的宣導活動。5月17日下午，是由總統府戰略顧問蒲澤春上將率領國防部高階將官近20人，蒞臨本校進行拜會、座談以及宣導活動。由於本校鼎力支持及協助政府推動募兵制的此項活動，極有意義，造成當天在名人講座會議廳，由本人與蒲澤春上將共同主持的ROTC教育及招募會議的出席人

潮爆滿，計有二百多名的學生、老師與家長熱情參加。

四、未來，類似上述能夠回饋社會地方；有利學校聲譽提高、同時能讓同學展現才華機會；甚至可達到「學校、學生、政府」三方皆贏的意義活動，本校都會適時、適當、適地的舉辦。另外，6月9日（星期六）是本校舉行畢業典禮的重要日子，此次典禮，本人特別邀請了一位重量級部長人物以及一支重要貴賓團隊伍，屆時蒞臨本校參加典禮，為稻江畢業學子獻上祝福，歡迎大家踴躍參加並一同見證。最後，本人祝福所有同仁，闔家平安健康，幸福美滿快樂！

張淑中 敬上 2018/6/7

第38封信　內政部部長葉俊榮博士參加本校106學年度畢業典禮

各位主管、各位教職員同仁：大家早安！大家好！

一、暑假期間，不論是到校工作或於假日與家人出遊，本人再度提醒，都仍要注意交通安全，尤其騎機車或開車的同仁，千萬要記住，絕不能搶快，以免帶來不必要的傷害；另外，雖然天氣炎熱，大家也不要輕易前往海邊、河邊、溪邊等地方玩水；因為，近來國內媒體已報導出有許多的水域地區，皆有溺水事件發生，各位同仁都要特別小心才是。

二、上（6）月9日星期六，本校舉行106學年度畢業典禮，受到各界及地方矚目。此次畢業典禮，除了蔡英文總統致送賀電予本校，本人亦特別邀請了內政部部長葉俊榮博士，以及由國內知名律師、檢察官、法院院長、大學教授、中央研究院研究員、公民營企業高階主管及董事長等15位社會賢達所組成的「台大法律貴賓團」，共同為今年畢業的稻江學子給予頒獎祝福。以上，政府重要官員及特別貴賓團能同時參加稻江的盛典，堪稱是國內大學的首例，而此事件亦將為本校畢業典禮史上，再添上一個美好紀錄。

三、大學指考於7月3日落幕，未來一段時期，將是本校進行獨立招生的重要階段。去（2017）年年底，教育部首度公布國內大專校院的全校新生註冊率，結果在全國159所學校中，共有19所大學的新生註冊率（106學年度）是低於六成，其中更有8所私立大學，被各大媒體認為是未來有「退場」的嚴重風險；除此之外，教育部日前亦公布了一項數據，去年因受虎年出生人口數的下降影響，106 學年度的大專校院大學一年級學生數只有24萬86人；然而適逢龍年的效應，今年

（107學年度）的大專校院新生入學人數，預估將增加 8 千人左右，增幅為 3.4%。

四、相較去年來說，上述兩項數據的事實出現，其實對本校今年的招生工作，應是一個極有利的契機；換言之，招生工作，不得不做，且十分辛苦；但只要大家團結合作、堅定意志、克服困難，相信本校是能創下連續三年的招生佳績。最後，祝福所有同仁，平安健康快樂，闔家幸福美滿！

張淑中 敬上 2018/7/5

第39封信　2018美國職棒大聯盟青棒暑假訓練營在本校展開集訓

各位主管、各位教職員同仁：大家早安！大家好！

一、正值暑假時期，天氣十分炎熱，希望各位同仁外出辦事或是在校園進行運動時，務必記得要隨時補充水分，養成多喝白開水習慣。尤其近來媒體已報導出，有許多民眾因為缺水而造成中暑的現象。例如，有一位年輕人在「夜間」跑步中暑，引起橫紋肌溶解的嚴重病症；另外也有一位老人家在家門前曬太陽，因為未多喝水，而引起熱衰竭，差點丟了性命。以上事例可知，在夏天季節的任何時段，喝水對身體是十分的重要，大家絕對不能輕忽。

二、上（7）月6日，第六屆世界大學棒球錦標賽在台灣嘉義市舉辦。此屆國際棒球賽，有來自韓國、日本、美國、澳洲、香港、捷克以及俄羅斯等國家參賽，是嘉義市第一次舉辦的大型國際棒球賽事。主辦單位「國際大學運動總會」（FISU）與承辦單位「中華民國大專院校體育總會」在比賽7月6日至15日期間，為了讓各國棒球好手，有隨時練球機會及留下良好深刻印象，特別指定稻江學院的兩座標準比賽棒球場，作為各國棒球隊賽前的練習基地。

三、今年「2018美國職棒大聯盟（MLB）青棒暑假訓練營」也於本（8）月3日在本校棒球場正式展開集訓。此次訓練營為期20天，有來自全台灣各高中職的優秀青棒選手52位，以及來自中國大陸11位，共計有63位華人地區最優秀的青棒選手們，參與全程培訓並進駐稻江學生宿舍。這已是連續第二年，全球知名的美國職棒大聯盟選定本校舉辦重要的棒球活動。以上兩件事例顯示，近年來本校積極發展棒球運動的成

效，不只是受到國內各界的肯定，也已逐漸打響了國際知名
度。本人在此要深深感謝所有教職員工的合作努力，讓稻江
才有今天的成績。

四、另外，令人十分肯定的學務長秦秀蘭教授已於7月31日榮
退。她的退休，讓本人與全校同仁十分不捨。7月24日下
午，本人邀集所有行政和學術一級主管，舉辦了一場歡送茶
會；在茶會典禮中，本人也代表各位同仁，頒贈了一個「功
在稻江」的紀念獎座，以及由主管同仁留言的大張紀念卡予
秦秀蘭教授，感謝她多年來對本校的行政辛勞以及學術貢
獻。在此，特別順帶一筆，讓大家知道此一訊息。最後，祝
福所有同仁，暑期平安快樂，闔家美滿幸福！

張淑中 敬上　2018/8/6

第40封信　本校成功蟬聯第二屆海青盃海峽兩岸棒球邀請賽總冠軍

各位主管、各位教職員同仁：大家早安！大家好！

一、如何防範及因應極端氣候所造成的重大災害，已是當前台灣社會各界必須建立的危機意識。最近，各位同仁都已有了深刻體會，即上（8）月23至28日，因強烈熱帶低氣壓與西南季風的輻合，產生劇烈降雨，造成整個南台灣地區，包括雲嘉南高屏等地方的嚴重淹水，甚至局部地區持續淹水長達近一個星期之久，此為八八水災之後影響台灣最劇烈、影響時間最長久的致害性豪雨。本校的兩座棒球場、宿舍一樓、圖書館及部分辦公室等，也都遭致不同程度的淹水；未來如何記取此次經驗，且有更周全與應急的防範大雨準備措施，是各單位都必須思考的重要問題。

二、去年稻江棒球隊前往中國大陸參賽，擊敗北京、交通大學等多支強勁隊伍，勇奪首屆「海青盃海峽兩岸棒球邀請賽」總冠軍；今年8月上旬，本校棒球隊，再度前往大陸福州市征戰，陸續擊退福建農林大學、廈門大學等兩岸眾多對手，成功蟬聯並贏得第二屆「海青盃海峽兩岸棒球邀請賽」總冠軍，為國爭光。此次大賽中，楊宏文、章育碩兩位休憩系同學，更以優異球技，分別榮獲大賽「最佳投手獎」與「最佳打擊者獎」。上述成果證明了，本校有許多同學是具有運動天分及對於棒球的高度興趣，只要再給予他們專業訓練與充分的資源支持，相信這些稻江學子是能夠持續為學校、為國家做出貢獻。

三、另外，時間過得很快，再過九天，9月16日（星期日）為本校新生報到及入住宿舍的日期；第二天，9月17日（星期

　　一）即107學年度第1學期的正式開學日。本人希望學務處、總務處、教務處等行政單位的同仁，都要積極做好迎接新生的準備工作。尤其報到當天，新生辦理手續的程序簡單順暢、各系所老師對新生的接待態度親切，以及學生宿舍與周圍環境的整齊清潔等，都會讓這些大一新生及其家長們，留下深刻印象，也會肯定稻江學院的行政效率；而以上的作為，其實皆已是對未來的招生工作奠下良好基礎！

四、最後，祝福所有同仁，平安健康快樂！

張淑中 敬上　2018/9/7

第41封信　張淑中校長主持稻江學院107學年度樂齡大學開學典禮

　　各位主管、各位教職員同仁：大家早安！大家好！

　　中秋過後，天氣已逐漸轉涼，各位同仁早晚出門，記得多添加一件衣物。另外，有兩件事情向大家報告與交流：

一、台灣是個民主政治國家，總統由人民直接選出，且有三次政黨輪替的成功經驗，這項成就，在現今亞洲所有國家中，都是一項難得紀錄與民主典範。在政府所舉辦的各項選舉，不論是中央級的立法委員選舉，或是地方級的縣市長、縣市議員選舉，都有許多的稻江校友參與其中，他們都希望能為國家社會盡一分心力並做出貢獻。例如下個月，11月24日（星期六）全國將舉行的「107年九合一選舉」，就有本校的黃芳蘭、林沐惠、董國誠、陳文忠、黃鉦凱（以上競選嘉義縣議員）；郭明賓（競選嘉義市議員）；黃榮利（競選嘉義縣太保市市長）；林佳瑩（競選嘉義縣東石鄉鄉長）；林哲凌（競選雲林縣口湖鄉鄉長）等9位校友參加選舉。在此，本人先預祝這些優秀的稻江校友們，都能順利連任成功或以高票當選。

二、根據內政部今（2018）年公布的最新資料指出，台灣社會人口結構型態已有別於過往的「高齡化社會」，老年人口已遠超過7%（65歲以上），佔達總人口的14%，正式進入「高齡社會」。台灣老年人口現居亞洲排名第3位（僅輸日本與南韓），而不久的將來，台灣人口老化的速度可望超英趕美。目前我國各縣市中，以嘉義縣18.61%的老年人口為最多，本校如何協助政府並能照顧或服務這些資深公民，就是一個非常重要的社會責任議題。今（2018）年9月27日，本

人主持稻江學院的107學年度「樂齡大學」開學典禮，共有
25位來自於嘉義縣各鄉鎮市的資深公民們，齊聚本校上課，
大家都很興奮的參與典禮，歡笑聲與問候聲不斷，場面溫馨
熱鬧；這是本校響應政府推動中高齡者終身學習計畫，連續
第9年（包括今年），獲得教育部補助開辦「樂齡大學」；
而今年本校精心設計的課程亦十分實用，包含烘焙、電腦、
外語、認識自我、養生保健、生活新知等精緻課程，相信可
讓這些樂齡大學的長輩們學習到多元知識，並讓生活更加多
采多姿。

三、最後祝福所有同仁，工作平安順利，闔家健康快樂！

張淑中 敬上 2018/10/8

第42封信　「性別平等教育法」修正案近日可望在立法院三讀通過

　　各位主管、各位教職員同仁：大家早安！大家好！

　　近年來，毒品入侵台灣各級校園（國中、高中、大學）的情形非常嚴重，尤其是青少年吸食K他命、搖頭丸及其他新興毒品等的學生人數，更有大幅增加的趨勢。本校除了要配合政府反毒政策，積極在各種時機、各種場合，向學生宣導吸食毒品與買賣毒品是嚴重的違法行為外；本人也希望各位同仁，尤其是身為導師的同仁，亦要教導學生隨時警覺並注意校園的人身安全問題。

一、2018年10月28日晚上，在台南市成功大學校園內，發生一件凶殺命案。一名24歲成大陳姓女研究生，被同學發現，口中塞進抹布，陳屍在社科院2樓的個人研究室；後來警方偵破此殘忍命案，是該研究所雇用的一名42歲林姓清潔工（曾有妨害性自主前科）犯下重案，台南地檢署複訊後隨即將他聲請羈押。以上案例說明了，在現代社會中，校園看似最安全的地方，但被陌生人潛入或有心人士利用，也可能會是個危險的地方，全校師生都應建立此風險觀念與知識。

二、另外，近年來，校園內的性平案件頻傳，除了有多所大學的迎新會走調，更有多起性騷擾、性侵害案件在各級校園發生，教師、校隊教練亦都曾傳出涉案。為了防範及減少上述事件發生，我國《性別平等教育法》修正案，近日可望在立法院三讀通過，而根據行政院已通過的最新條文規定，學校所進用的社團老師或派遣勞工、志工等，教師以外的人員都將納入管制；亦即凡有觸犯性平事件者，一至四年不得聘用，情節重大者如曾有性侵害或重大性騷擾、性霸凌行為者，更是終身不得聘用。以上政府修法的方向與主要內容，

　　本人希望所有主管與教職員同仁，都要能了解與充分掌握。

三、2018年11月24日的全國「九合一選舉」完畢後，緊接著，12月1日（星期六）即是本校在嘉義縣朴子市，建校18週年的校慶日到來，當天學校會有許多的慶祝活動。屆時，希望大家都能鼓勵同學或帶家人踴躍參加，最後祝福所有同仁，工作順利愉快，闔家平安健康！

張淑中 敬上 2018/11/8

第43封信　恭賀本校11位優秀校友在「九合一選舉」高票當選

　　各位主管、各位教職員同仁：大家早安！大家好！

　　2018年12月1日為本校建校18週年的校慶大會，非常感謝各位教職員同仁與學生們的踴躍參加；尤其國際會議廳的座位爆滿情形，以及同學們的秩序表現大致良好，都讓當天出席並坐在台上的各界貴賓們，印象深刻且皆對本校的辦學優良讚譽有加。此次校慶大會內容，有三項事情亦是值得一提。

一、今年本校共有14位畢業校友參加11月24日的「九合一選舉」，其中11位高票當選。包括稻江校友會理事長黃芳蘭等7位校友當選嘉義縣市議員；黃榮利等3位當選鄉鎮市長；林淑勉當選市民代表。這11位高票當選的稻江傑出校友，有高達近八成的當選率，可謂是本校創校十八週年校慶收到的另一份賀禮，也代表稻江畢業校友在任何的專業領域，都能對國家社會及地方人民做出貢獻。

二、歡祝18週年的校慶當天，亦是本校斥資千萬元新建「稻江電競館」的揭牌啟用日子。此電競館是依國際級職業電競場館的規劃藍圖所設計，是目前全台少數擁有電競館的大學中，具備最先進的專業設備。「電子競技」是時代潮流的創新運動，電競賽已成為國際運動競技的重要項目之一。近年來，為配合政府發展電競產業政策，本校亦致力於電競運動的推廣以及電競課程的教授，並已培訓出許多世界級的選手，包括三位在台灣英雄聯盟（LOL）職業電競隊「閃電狼」主要戰將的動遊系同學，曾於2017年榮獲「IEM第11屆英特爾極限大師賽—英雄聯盟」全球總冠軍。未來只要將「動畫遊戲設計系」、「行動科技系」以及「演藝系」的堅強師資及相

關課程結合，例如三系的「遊戲軟體設計」、「行動網路建置」、「電競主播與賽事轉播」等專業結合，相信本校的電競專業特色，是能在全國大學中創造出一片天。

三、另外，今年校慶，也首次有來自中國大陸西安的「陝煤幼教集團」貴賓一行八人，專程前來祝福稻江18歲生日快樂。陝煤是世界500強的大企業，陝煤幼教集團，是西安交通大學附屬之教育機構。「陝煤幼教集團」在大陸是以辦學優良出名，目前該幼兒園高達有400名幼生，許多幼兒必須排隊預約且等待至少一年才有機會入學。「陝煤幼教集團」十分重視辦學與教學品質，此次該集團由雷秦董事長帶領高級主管多人，前來參訪本校及參加校慶，並特別表達希望未來與稻江幼教系有合作的機會，足證本校近年來的辦學優良亦已得到海外的高度肯定。

四、最後祝福所有同仁，工作平安順利，闔家健康快樂！

張淑中 敬上 2018/12/6

第44封信　107學年度本校學士班新生註冊率再創新高達87.32%

各位主管、各位教職員同仁：大家早安！大家好！

西元2019年，民國108年，新的一年到來，校長先祝福大家新年快樂！心想事成！好運連連！去年12月，高等教育界有幾件重大事情發生，並經國內多家媒體的廣泛報導。雖然這些訊息，聽起來有點沉重，但本人認為各位同仁有必要了解詳情，大家共同作為警惕，以因應未來本校亦可能面臨的挑戰。

一、第一件事情，去年12月24日下午，前教育部長葉俊榮臨時召開記者會，公開宣布教育部「勉予同意」管中閔教授擔任台大校長；第二天，2018年12月25日，葉俊榮即向行政院長賴清德提出辭呈，獲得批准後，辭去教育部長職位。目前教育部長是由政務次長姚立德代理，這已是他第三次代理教育部長職務。換言之，在這兩年多來，我國政府已換了三位教育部長，在部長更動如此頻繁下，相信社會大眾多少有點不安，而未來新的教育部長上任後，對國內大學的改革政策，是否會有新的想法、新的措施、新的作為，此都是本校未來應予關注的重點。

二、第二件事情，去年12月28日，教育部亦公布了107學年，全台各大專校院的全校新生註冊率，在全國159所大學中，扣除性質特殊的宗教學院後，有3所大學、5所技專院校，共8所大專院校新生註冊率在60%以下。相較之下，前（2017）年12月教育部首次公告大專院校註冊率，當時共有17所學校是低於6成的「死亡線」而被列入危險名單。換言之，2018年註冊率不到60%的大學數量8所，雖比2017年的17所學校大幅減少，但仍顯示出我國少子女化的趨勢並未減緩，以及

未來的招生環境仍是艱難、險峻，任何私立大學都不能等閒視之。

三、另外，教育部去年12月7日亦發布新聞指出，位於台南市的南榮科技大學於105年5月列入專案輔導學校，加上近兩年的招生不佳，新生註冊率皆不到30%，以及無法維持3個月經常性現金支出，且該校的董事會亦無資金挹注，因此教育部決定南榮科技大學自108學年全部停招。不只如此，位於宜蘭縣的私立蘭陽技術學院，在去年12月4日也正式對外宣布，由於招生成績不佳，校方決定從108學年度起，再停招6個科系，未來只剩「餐旅管理系」一個科系繼續招生。

四、最後一件事情，不會再如上面事項般的嚴肅、沉重，相信大家聽了絕對會很高興。今（2019）年農曆除夕與春節假期，政府明訂有九天的連假（自2月2日至10日）；本校創辦人與董事長，為了感謝各位教職員去年的工作努力認真，以及大家的團結辛勞招生（本校107學年新生註冊率再創新高，達87.32%）；因此董事會決定再加放大家五天假期，前後共有十四天連假，希望各位教職員都能利用這段春節期間，多與家人團聚並快快樂樂過年。

五、最後祝福所有同仁，闔家平安健康快樂，新的一年萬事如意！

張淑中 敬上 2019/1/2

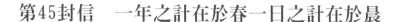

第45封信　一年之計在於春一日之計在於晨

　　各位主管、各位教職員同仁：大家新年快樂！

　　今天是西元2019年2月1日，再過四天（即國曆2月5日）就是歲次己亥豬年的民國108年農曆1月1日。在此先向大家拜個早年，校長祝福每一位同仁在未來新的一年裡，諸事如意！諸事福祿！諸事吉祥！

　　常言道：「一年之計在於春，一日之計在於晨」，春天是一年的開始，新的一年到來，就應該要有新的人生計畫；早晨是一天的開始，因此一天的工作內容，也應該要在早晨就安排好。古代聖賢將人生分成春、夏、秋、冬四季，而且特別重視「春」的季節，就在提醒人們，務必要珍惜寶貴時間，不要虛度光陰。尤其，不論是在家庭事務或工作方面，如果在新的一年開始，就能掌握未來重點，並規劃一年想要實現的目標或理想，相信對人生是會有很大的幫助；相對的，如果不能把握方向，就會浪費光陰、失去良機，非常可惜。簡言之，春天是大地復甦，也是萬物積極生長的季節，校長期勉所有教職員同仁，在2019年新的一年，大家仍要努力向前邁進。最後再祝福各位，闔家平安健康，未來一年天天喜悅！

張淑中 敬上 2019/2/1

第46封信　張淑中校長完成學校階段性任務　主動提出辭呈

　　各位主管、各位教職員同仁：大家好！

　　有兩件重要事情向大家報告：

　　第一件事情，本校棒球隊投手張景淯同學，因表現成績優異及棒球實力堅強，去年已簽約並正式加盟美國職棒大聯盟西雅圖水手隊，今（2019）年1月中旬在赴美國報到前，特地於1月9日回到學校探望並感謝師長們的照顧，本人當天也召集師生們為張景淯同學加油與祝福，並勉勵張同學未來要好好發揮球技與戰鬥毅力，為台灣為稻江爭光。

　　第二件事情，可能會驚動到各位教職員同仁，但本人仍必須很忠實的向大家報告。校長已於2月21日（星期四）下午四時，主動向學校創辦人與董事會遞出辭呈，有關辭職的理由與原因，本人為了負起教育責任、並避免未來各界的猜疑，以及留下歷史紀錄為證，特別附上辭職書的全文內容如下，供所有同仁參閱、明瞭，校長誠摯地感激與謝謝各位好夥伴的共同奮鬥與合作支持！

張淑中校長辭呈

前董事長陳創辦人璽安博士　鈞長 鈞鑒：

1. **職已完成階段性任務主動提出辭呈**：十分感激鈞長過去四年中的前兩年信任與支持，職自認已完成學校的階段性任務，決定於今（2019）年5月3日辭去校長與教授的雙重職務；今天（2月21日星期四）正式提出辭呈，並親自當面稟告鈞長。

2. **擔任第六任校長自我期許的使命**：職係於2015年4月辭去台北城市科技大學一級主管職務，並於同年6月1日接任稻江科技暨管理學院第六任校長。當初為專心做好校長工作，職遠離台北家人，一人專程南下，並決定在嘉義長期並自行付費租屋，就是抱定堅強決心，希望對本校貢獻一分心力，也期許自己能替稻江學院重新打響名號、建立嶄新形象，以洗刷外界過去對本校種種的負面評論。

3. **不畏艱難勇往直前進行改革**：當年在沒有校長的任何交接清冊與交接儀式（因為前校長施光訓2015年2月即已離職），以及部分舊有主管與保守派老師的抗拒心理下，淑中擔任校長以來，在推動學校各項改革工作，確實非常辛苦、艱難；但如不進行改造工程，稻江學院在台灣少子化的嚴竣趨勢下，以及學校長期累積的不良文化下（例如派系林立、缺乏制度與團隊紀律），將失去競爭力與生存空間。也因而在改革過程中，學校遭受內外界的黑函不斷，此外造謠、中傷、抹黑本人的情事亦不曾停止過，甚至校長的座車輪胎更多次被有心人士放氣、刺破，但本人都不曾退縮或懼怕過。

4. **職處事與用人秉持公平公正**：不懼怕的最主要原因，就在於

過去職不論是在政府機關或在學校工作，向來處事公正，問心無愧；尤其做事盡忠職守，不忮不求。以上可從在稻江的四年校長期間內，淑中至今未曾引進並任用過一位自己的人，即可得到證明。例如現任的系主任或行政單位一級主管如主任祕書、教務長、研發長、學務長、總務長、圖資長、人事主任等重要職位，皆是由原來的教職員所升任；換言之，本人「用人唯才」，毫無私心，且從不以個人喜愛好惡為標準。除此之外，為了全心投入校長的行政工作，四年來，職皆主動放棄在校內、校外兼課的任何機會。

5. **派系產生絕非學校與董事會之福：**本校是位於南部地區的私立大學，在人力、經費與資源皆有限的情形下，要能健全與永續發展，學校內部不能有派系產生，教職員工更不能被分化，董事會也要完全信任校方、信任校長的專業領導；否則人員離心離德，表面團結背後不和，如此爭權奪利的現象就會產生，最後結果也會造成董事會與校方的「不和諧」。

6. **董事會改選後校園和諧氣氛出現變化：**然而，自從一年半前，稻江董事會改組後，校方努力辦學方向以及堅持永續發展的理念，開始不受到少數新上任董事會成員的重視；甚至學校亦開始有資深教職員在學校內部不斷的私下放話，「大家工作不要太認真，招生應付一下即可，因為張校長未來是不會連任的，這已是董事會的私下決定」。不只如此，去（2018）年11月20日，淑中未獲通知參加董事會會議，以及董事會於同日成立「第七任校長遴選委員會」的情事，淑中皆不知情，也因而被有心人士利用且同樣的到處放話；此皆已造成校園內人心的惶惶不安。

7. **學校團體士氣已受到嚴重打擊：**上述少數教職員利用時機、結合外部的保守派力量，不滿學校努力改革，有心破壞學校

團結，且有意拉黨結派的作為，甚至希望張校長能早一點離開稻江的心態，其實都只是在嚴重傷害本校好不容易才建立起的形象，以及嚴重打擊目前努力認真工作同仁的團隊士氣。有關淑中對自己是否能連任校長的問題，其實從未擔心過，因為職曾擔任過中央政府部會的簡任職等官員，且亦已有「政務官」的歷練經驗，從來就不是會戀棧任何職位的人，當前與未來工作目標，就是把校長工作做好並帶領全校師生，持續並努力往前走。

8. **引入鬥爭只會讓稻江萬劫不復**：淑中真正會擔憂的事情是，似有少數董事會成員一直將「張校長是否連任」的議題，作為精心操作與鬥爭的工具，完全不顧學校未來的生存發展以及董事會的形象維護。以上短視結果，其最大的負面影響效應就是，不只會將稻江再推入過去派系惡鬥、鬆散老大的局面；稻江董事會在嘉義地方的整體形象也將嚴重受損；不只如此，未來更沒有一位教職員在學校中敢說出真心話；也沒有人敢將學校的真正實情報告創辦人；甚至過去一些奉承拍馬、欺下瞞上或沒有專業專長的人，也會透過關係再回到學校重新掌權弄術，如此稻江學院恐將在「外行領導內行」下，永遠萬劫不復了。

9. **高層主管如缺乏鬥志學校將難以生存發展**：職於2015年6月接任校長的第一年第一星期，曾經分別請問過當時的陳弘宙副校長與方政治主任祕書兩位主管同仁，稻江學院成立十多年來，有何特色或優勢？當時陳副校長回答說：「學校沒有任何特色！」；方主任祕書亦告訴本人說：「媒體記者對稻江不友善，只會報導稻江的負面消息，所以校長不要存有太大的期望」。當時，上述兩位高級主管的消極與無奈態度，令本人十分驚訝，但其實也是學校普遍的氛圍，更是存在於

每一位教職員同仁的心裡，因為當時大家都有同樣感覺，亦即看不到稻江的未來希望。

10. **經過四年努力稻江已打出全國特色**：然而，經過淑中和學校工作夥伴們四年的合作努力，「稻江真的不一樣了！」。以上是近年來，社會各界與嘉義地方對本校的看法、肯定與真實評價。換言之，今天在即將離開「稻江大家庭」的前夕，淑中可以很自豪的向前董事長創辦人鈞長報告，經過職與學校現有行政團隊的共同認真打拚，在四年內，我們終於讓稻江學院打出自己的全國特色與獨有優勢。例如，稻江是全國唯一擁有兩座標準比賽棒球場的大學；是國內首創並實施學生兩人一房住宿政策的大學；是國內唯一擁有三位國寶級名廚的大學；是台灣餐飲界最高榮譽「龜甲萬盃國際料理比賽」四連霸冠軍紀錄的大學；是首位榮獲世界「英雄聯盟」電競大賽全球總冠軍並為國爭光的大學；也是連續兩年勇奪「海青盃海峽兩岸棒球邀請賽」總冠軍的國內大學；更是雲嘉南地區唯一擁有千萬元所打造的國際級電競場館的高教體系。

11. **然而校長如走馬燈的換人，學校恐將再走入衰敗**：本校在創校（1991年）的頭兩年，其實也曾有過全盛輝煌的時期，但後來所以無法維持戰績，逐漸走入衰敗、不振，以及招生不佳的一個主要關鍵原因，就是「校長任期太短」、「校長無法連任」的頻頻換人因素所導致；並給予外面的其他私立大學有可趁之機，也給予了校內有心人士有內鬥的機會。例如本校創校至今僅18年，卻要再選出第7任校長，如何能讓全校的人心能夠安定？過去本校的第一任校長任職僅一年十個月即離職；第二至第四任校長任職皆不滿三年；第五任校長更只任職二年六個月突然辭職；目前淑中是第六任校長雖任

職將近四年，但也無法留任。反觀，靠近本校的吳鳳科技大學，其校長自2007年任職以來，帶領學校團隊，至今已邁入第十二個年頭。

12. **學校重要招生策略與校務治理經驗無法傳承**：換言之，由於校長更動如此頻繁及常處於不穩定狀態下，不只學校重要政策無法延續，許多需要由校長親自規劃與主導的重要招生策略及治校經驗亦無法完全延續；高階主管同仁也不願意久任，許多基層職員更要重新適應新的校長。如此長期折騰下來，學校全體同仁要如何團結一心？又如何與其他私立大學競爭？甚至又如何能維繫尚未健全或才剛要成熟的果實？

13. **學校已穩固的人脈關係亦將中斷不復**：再以個人的校長經驗為例，在四年以前，稻江與外界的關係普遍不佳。但自從淑中上任後，為了與全國各地、嘉義地方人士、平面與電子媒體記者、公私立高中職校長，以及知名企業界董事長等人建立雙方合作關係，希望有助於學校未來的擴大發展；因此每次重要活動，不分星期假日，淑中幾乎都是親自出席，因而在四年時間內，已經和社會各界與雲嘉南地方建立良好的深厚關係；未來淑中離開學校後，研判上述好不容易才打下的基礎且已建立的多方人際友好關係，也將會隨之中斷。

14. **董事會自己製造危機的舉動，將令親者痛，仇者快**：最近三年本校的招生成績呈穩定成長，新生註冊率亦逐步攀升，例如2016年日間部新生註冊率為84.04%，2017年為85.88%，2018年再創下紀錄高達87.32%；不只如此，本校107學年度第1學期全校的學生續讀率，更高達94.13%，創歷史新高。以上佳績在雲嘉南地區皆是名列前茅，更代表稻江學院近年來的辦學努力認真及師生優異表現，已得到社會各界以及許多家長的肯定。

相反的，國內有許多私立大專校院，尤其是位於南部地區的學校，由於近年的招生成績不佳（新生註冊率連年低於六成以下），導致校長被迫走人或換人。但本校董事會反而自己製造出來的一個最大問題，也將會讓外界不解的疑惑問題，更可能會對董事會與學校的雙方名譽都嚴重有損的問題就是，「稻江學院近年來的招生成績不錯，師生表現可圈可點，但具有法律專業及行政領導專長能力的張淑中校長卻離職了，難道稻江內部出了嚴重問題？」。換言之，只要上述的疑問持續存在，不只對本校所有同仁、全體師生是一項嚴重打擊，也將令「親者痛，仇者快」；亦即張淑中校長的離開稻江，將會是雲嘉南地區許多私立大學非常樂見的事情。

15. **教育部肯定校方努力與招生成效，但未見董事會的辦學決心**：近年來，淑中在許多公開場合，常有媒體朋友或地方知名人士告訴本人說，「妳已把稻江的特色做出來了，也打開了學校知名度，全校師生士氣很旺盛，同學表現亦非常優秀；也因此雲嘉南有一些私立大學都是以稻江為競爭與模仿對象」。上述事實說明了，淑中所帶領的行政團隊與當前規劃的學校發展方向是正確的。然而，雖然目前外界已對稻江有好的評價，但我們不能自滿或有鬆懈心態。因為淑中深知，即使近四年來，經校方努力招生與開源節流的結果，已將學校長期短絀的財務，走向「由虧轉盈」局面；但是，仍有一些長期積累、本人未上任前（即民國104年前）所留下來的結構性財務問題（且是被教育部早已關注的高風險重大財務問題），更需要董事會與校方積極的解決。例如最近一次（2019年1月14日）教育部派出16位官員與訪視委員，南下到本校進行訪查，當天會議上，教育部官員在本校一級主管與董事會代表們的面前，公開指出，這幾年有看見校方

的辦學努力以及招生佳績，但並沒有看見董事會的辦學決心；亦即教育部官員公開表示及強調，稻江財務要維持更穩定與健全，學校的教學品質才能真正改善與提升。換言之，教育部近一、兩年來，已多次行文稻江學院，並一再要求董事會應迅速捐資挹注校方（有關捐資總金額，經職率領劉主任祕書、張教務長、鄭研發長、侯會計室主任等人，多次北上與教育部官員協商結果，教育部告知捐資金額至少4千萬元），但董事會都無具體承諾與積極行動。也由於上述董事會的消極不作為態度，造成過去教育部訪視委員至本校時，亦曾多次向本校一級主管同仁提醒及強調，貴校董事會千萬不能存有「以用辦商職的模式來辦大學」心態，否則未來會有很多地方，稻江是無法合乎教育部的基本規範與教學品質等要求。例如，由於董事會無適當的資金挹注校方，以致學校無法多聘任高階師資（如副教授、教授），無法多開設選修課程，甚至各系也因系務經費拮据而無法再進一步發展等，皆是造成稻江「教學品質」被教育部持續列管的主要因素。

16. **校方有意協助董事會共同解決財務問題，但卻遭少數董事會成員的反對及杯葛：**教育部目前對私立大學的政策態度，其實十分清楚；亦即主要是以「財務健全」與「招生成績」兩大標準，作為未來私立大學退場的主要依據。換言之，未達上述任一標準的私立大學，都會被教育部列入「專案輔導學校」名單，並要持續地接受教育部密集的教學品質查核及各種訪視工作。本人為突破上述困境，並希望能協助董事會，共同解決學校的財務問題；半年多前（2018年6月），職曾獲創辦人鈞長的事前同意，即校方亦可以對外募款，而董事會也願意釋出「董事」一至兩個席位給外界，以協助學校度

過難關；然而，2018年8月上旬，當職率同張新鵬教務長積極的向企業界募款，最後好不容易募款到2200萬元，但事後竟遭部分董事會成員的反對。以上，不願意外資投入本校的保守心態，也讓淑中不只失信於教育部，更失信於企業界，加上董事會亦一再漠視教育部的指導（即至少應捐資4千萬元挹注校方）的消極態度，不只讓淑中心力交瘁、感到十分無奈，亦讓稻江的未來發展逐漸步入險境。

17. **董事會要能信任校長以及支持校方，稻江才有永續生存與發展空間**：過去的稻江無法完全解決舊有弊端，或是面臨新的困境也無堅強的應變力，除了原有財務問題外，其中一個重要關鍵原因，就如同前面所述，即在於校長頻頻換人所導致。因此，未來稻江學院不論是要永續發展或是要規劃轉型，董事會與校方都必須同心同德；換言之，未來不論何人擔任董事長、董事或顧問，皆必須相信校長的專業能力與改革作為；如此董事會與校方才能團結一心，才能合作一致對外，才也能產生更大的力量，對外談判也才能有更多的籌碼。否則，董事會成員不信任校方，不支持認真做事的校長，不重視校長提出來的專業建言與警訊；甚至董事會成員只私下聽信少數教職員所提供的錯誤訊息與不正確的資料，則本校稻江的深層問題與危機都會持續存在並惡化。如此最後結果，就如同職前面一再提醒與強調，就是董事會自己製造危機，自己「作繭自縛」，自己製造派系，並讓「親者痛、仇者快」，則稻江只能走入萬劫不復的地步。

18. **本人離職事小，但學校生存事大**；其實稻江永續發展，只差最後一哩路；淑中基於教育良知、學術專業、多年行政經驗，必須提出諍言與建言：原本辭呈，一頁即可結束。然而，淑中願意花時間寫到五千七百字的內容，就是希望陳創

辦人鈞長能夠了解所有真相、實情。雖然稻江過去曾有很長的一段低盪時期，但近三年多來，卻是本校全體師生，最為團結合作、最為同心一德、最為奮發努力，也是全國各界與嘉義地方給予本校最為肯定的時期；但近一年多來，尤其近三個月為甚，類似「不必再聽張校長的話」、「董事會絕不會讓張校長連任」的有心放話，只會傷害稻江的聲譽、只會有損董事會的形象、只會讓嘉義地方看笑話，更可能會斷送稻江的前途。換言之，淑中離職事小，稻江生存事大，此篇離職報告與建言書，可能不中聽，可能令董事會不快，但為了稻江永續命脈與全國聲譽、為了全校教職員維持生計的未來工作權益，以及為了當初因信任本校而選擇稻江就讀的所有學生權益。淑中身為校長應有責任且必須很嚴肅、很沉重、很心痛的說出事實及真心話，供前董事長陳創辦人鈞長深思與深慮！最後，祝福　鈞長政躬康泰，闔家平安喜樂！

職 張淑中 敬上
2019年（民國108年）2月21日提出辭呈

第47封信　公車進入校園稻江學院獲政府頒贈獎勵金九十萬元

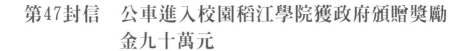

　　各位主管、各位教職員同仁：大家早安！大家好！

　　私立大學的資源雖然不多且人力有限，但只要不怕困難、不怕挑戰，亦即遭遇到危機來臨時，只要有解決問題的決心與堅強鬥志，其實任何困境都可以克服、任何難關都可以突破；但最怕的是，學校的董事會不肯面對問題、面對真相，或者是抱有「以拖待變」、「能拖就拖」的僥倖心理；如此結果，只會將原本簡單的問題，給予複雜化、擴大化，導致小問題、小危機，最後變成大危機、大災難，終致無法解決，最後學校事業也只能走入變數極大的境界。另外，有四件事情向各位同仁報告並說明：

一、第一件事情，今（108學年度）年，本校招生方式大幅改變且招生工作較往年更為險峻，因此希望教職員同仁務必配合招生處的規劃，共同合作努力並做好招生重要業務；但在招生的辛勞過程中，大家也務必要遵守教育部的相關法令規定合法招生，不能如日前國內新聞媒體所報導的一些私校有違法招生的情事發生。

二、第二件事情，目前本校學生雖然未達三千人，但仍希望教職員同仁及老師們要多宣導及鼓勵同學們搭乘校園公車，因為校園公車得來不易。

　　有關本校校園公車的由來，是一年多前，本人看到嘉義地區的中正大學、南華大學以及吳鳳科技大學，皆有公車進入其校園；但同樣位處於偏遠地區的本校稻江學院，由於缺乏大眾交通工具，許多同學必須依賴機車才能上下學，導致本校同學因騎乘機車摔傷、受傷的事件極多。尤其2016年9月，本校棒球隊員曾發生一起車禍事件，令全校師生十分傷心，

即有一位優秀投手因騎乘機車,在前往學校途中,被右側前行的轎車猛力撞擊而當場死亡,當時共乘機車的另一位同學也受到重傷。因為上述事件的影響,本人在2017年9月上旬,即指示當時的學務長秦秀蘭博士,務必積極向交通部申請公車進入本校校園。

後來在交通部公路總局、嘉義區監理所及嘉義縣公車處的共同協助下,稻江大學校園公車終於在2018年1月3日正式啟航。十分感謝政府的德政,雖然本校學生人數不是很多,但學生的生命價值和其他學校學生是一樣的;尤其本校有些學生係來自弱勢或貧窮家庭,是需要更多社會資源的協助,才能順利完成他們的學業。校園公車自起始日(民國107年1月3日)服務至今,已滿一年多了,由於本校學生騎乘機車的車禍事故大幅減少,即行車安全績效良好,因此近期本校可獲政府頒贈獎勵金約九十萬元;未來上述款項,本校將計畫用於設置校園公車候車亭、增設智慧型站牌系統、校園柏油路面改善工程等方面用途。

三、第三件事情,是有關研發長鄭富元副教授的離職事情。鄭富元研發長是本校優秀的主管同仁,服務本校12年,多年來對本校的工作努力認真及專業貢獻,皆受到本校所有同仁與系上學生的高度肯定。過去兩年多來,鄭富元研發長與會計室主任候淑惠(於2018年11月1日離職)曾多次由本人親自帶領北上,前往教育部開會,非常辛苦。去年年底,鄭研發長即多次向學校提出辭呈,欲轉往企業界發展,當時本人強力慰留;並曾將鄭研發長欲離職情事,多次提醒及告知本校董事會。今年2月中旬,鄭研發長再度提出辭呈,本人只能勉予同意。總而言之,研究發展處的工作十分重要,尤其對本校的產學合作、研究發展、未來學校的整體發展方向,都扮

演著重要的規劃角色，此次鄭研發長3月15日的堅持離職，令人不捨，也是本校人才的重要損失。

四、第四件事情，有關本校校務改善計畫執行成果一案，3月8日本校已接獲教育部的來函公文。其中教育部公文內容中，特別提到「針對學校財務需求，洽請董事會捐資協助及規劃短中長期資金運用模式」；另外，來文的訪視委員審查意見表中，其內容亦強調，雖然「稻江學院至106學年度的收支已開始『由絀轉餘』」，但「由於財務影響校務發展和教學品質甚鉅，董事會宜對財務改善積極規劃」以及「為利學校中長程之多元發展及風險評估，請學校法人董事會正視捐資一事」。由上述內容可知，當前本校問題並不在教學品質與招生方面，主要問題核心在：「董事會是否願意依教育部的指示捐資予校方」；換言之，本校董事會儘速挹注資金協助學校發展，是十分重要且能讓學校永續發展、永續生存的重要關鍵。

五、最後祝福所有同仁，工作順利，闔家平安健康！

張淑中 敬上 2019 / 4 / 1

諸事大吉

稻江科技暨管理學院
校　　長　　張淑中　敬賀

第48封信　最後一封信張淑中校長感謝所有同仁四年的照顧與支持

　　各位主管、各位教職員同仁：大家早安！大家好！

　　時間過得很快！今年2月21日本人向董事會遞出辭呈，至今已兩個多月了，這段期間董事會也正進行新的校長遴選；換言之，本人將於5月3日正式卸下第六任校長職務，並離開稻江科技暨管理學院。

　　過去四年來，校長有機會、有緣分能與各位好夥伴，生活在一起、工作在一起，並能承蒙大家的照顧及支持，是本人在人生旅程中的一段榮幸。尤其四年期間，我們團結合作、共同努力為稻江學院創下許多招生佳績，並為學校打造出一些全國獨有的優勢特色（例如：全國唯一擁有兩座標準比賽棒球場的大學、國內首創並實施學生兩人一房住宿政策的大學以及國內唯一擁有三位國寶級名廚的大學等等；以上訊息及活動照片，皆可在學校首頁的稻江新聞網站看到），這些都將是本人與各位同仁未來最美好的工作回憶。

　　這是校長四年來的第四十八封信，也是本人最後一次寫信給各位同仁了！希望藉由這一封信，再度表達本人的衷心感謝，並誠摯祝福所有同仁，永遠身體健康！工作順利！闔家平安快樂！

珍重再見！

　　　　　　張淑中 敬上 2019/5/1 於嘉義縣朴子市稻江學院

附錄一　張校長的祝福

張校長給全體大一新生同學的信

各位親愛的大一新生：大家好！大家平安！

我是校長張淑中，首先本人代表全校師生，誠摯歡迎各位新鮮人加入稻江大家庭。從今天開始，你（妳）就是一位稻江人，在未來四年裡，我們將共同追求知識、合作規劃人生，為進入人生另一階段「職場」做好完善準備。

嘉南平原是台灣面積最大的綠色平原，氣候宜人且風景優美。位於嘉義縣朴子市的稻江科技暨管理學院，是全國大學中最鄰近世界級「故宮南院」的大學，文風鼎盛，地理位置便利，到達故宮南院或嘉義的高鐵車站，只有5分鐘內車程距離，而從台北搭乘高鐵到本校也只需1小時40分左右。

稻江校園面積廣大，高達35公頃之多，是國內當前唯一擁有兩座標準比賽棒球場的大學。此外學校的「兩人一房」住宿政策優於全國各大學，希望讓同學享有更舒適及更安寧環境。由於大學生活多采多姿，也是人生最值得回憶日子，因此校長希望各位新鮮人，未來不論是在知識精進、人格養成、人際關係互動，以及就業競爭力訓練等方面，都能有豐碩的收穫。

另外，稻江是有關係企業的全國性教育機構，在北部有「稻江商職」成立已70多年，在南部有「稻江學院」成立也已第18年。其中近年來，稻江科技暨管理學院學生對外參加各項比賽，得到種種冠軍的優異表現，更是受到社會各界的高度重視及讚揚。以上過去學長學姊們的優秀佳績與得獎紀錄，各位新鮮人都可在學校官網首頁「稻江新聞」及各系所的網站查詢到相關資料。

　　最近一年來，本校致力於「教學實用型大學」的辦學理念，並積極推動「學用合一」的各項產學合作計畫，所獲致的教育成果已深受國內各大知名企業界的高度信賴及一致肯定。亦即未來在學校的專業教育或實習課程培育下，各位新鮮人都定會有參與各種工作實習的機會，尤其更能在學校中學得一技之長，確保各位未來「畢業即就業、就業即上手」。最後本人再竭誠歡迎各位的加入，並且企盼與各位共創美好未來！

　　　　　　　　　　　　　　　校長　張淑中 2018/9/19

張淑中校長在106學年度畢業典禮對畢業同學的祝福致詞

　　董事長、各位貴賓、各位畢業生家長、各位老師，以及全體畢業同學們，大家早安！大家好！

　　今天是稻江科技暨管理學院106學年度的畢業典禮，感謝各位貴賓及家長蒞臨稻江，參與並見證這個學有所成的榮耀時刻，本人謹代表稻江向各位表達誠摯的謝意！

　　親愛的畢業同學們，今天是你們人生中非常重要的大喜日子。每一個學習階段的「畢業」，都是學有所成後，繼續追求更上一層樓的重要時刻。而「大學畢業」的意義更顯的重要非凡，因為此刻是你們即將「學成就業」，轉而追求人生夢想的真正起點。校長在此，除了恭喜各位順利取得學士、碩士學位外，也期勉各位畢業生未來進入職場後，能繼續保持在稻江勤勉求學的精神，發揮所學專長，替自己的工作表現加分。

　　校長特別以稻江的「稻」所象徵「滿招損，謙受益」的稻穗精神為發想，將稻穗的「稻」引申為同音字「做到」的「到」，贈送每一位畢業生「學習五到」的精神，這「五到」就是：心到、眼到、耳到、口到、手到。

　　第一「心到」：未來就業要上手，必須以用心、細心與耐心，將在校所學運用在工作上，靈活的接軌，才能學以致用，發揮所長。

　　第二「眼到」：要仔細觀察，掌握工作重點與細節，才能降低失誤，並在短時間內建立績效，各位的專業能力也才能受到肯定。

　　第三「耳到」：在職場上要聽從主管的領導，服膺公司的管理，遵守職業倫理，傾聽每一位客戶的聲音，並建立良好的人際關係。

　　第四「口到」：要將在校所學的溝通能力、表達能力，運用在職場上，如此有助於降低誤會，避免衝突，各位才能與同事們建立良好的互動關係。

　　第五「手到」：未來做事一定要主動積極，以不推諉的負責態度，當一個勇於任事，願意張手接受挑戰和解決問題的人。

　　稻江學院創校已十八年，是一所年輕有活力且「小而美、小而精緻、小而優質」的大學。稻江學院是教育部核定的第一所「教學實用型」的綜合大學，教育目標在培育學生成為擁有自信、正確人生態度及價值觀的專業人才。深信每位畢業生將來在工作上，只要能秉持著校長贈送各位的「五到」精神，發揮自己的專業能力，必能受到高度肯定，也必能替自己開創更美好的未來。

　　校長要代表全校師生，感謝今天所有蒞臨的貴賓與家長，對稻江的長期信任與支持。稻江近年來辦學績效連年持續成長，例如新生註冊率和畢業生就業率，都一再屢創新高，在中南部的私校可說是名列前茅。而且，全校師生的傑出表現，在國內外獲獎連連，屢創佳績，受到各大媒體的大幅報導，並得到社會各界的高度肯定。

　　最後，再次向各位親愛的畢業生，表達校長衷心的祝賀，今天你們以稻江為榮，明日稻江必將以你們為榮。祝福今年所有畢業生，畢業快樂、鵬程萬里！也祝福所有與會的貴賓們，身體健康、平安如意！謝謝大家！

校長　張淑中2018/6/9

張淑中校長在稻江學院創校十八週年校慶典禮的公開致詞

　　董事長、各位貴賓、各位校友、各位同仁、各位同學，大家好：

　　今天是稻江學院雙喜臨門的日子，我們除了歡慶稻江創校十八週年校慶外；同時也要慶賀本校斥資千萬新建的「稻江電競館」，在今天正式揭牌啟用，並舉辦首場的電競比賽。這也是稻江學院以「教學實用型大學」為辦學目標的最新成果。在此，與大家分享此一喜悅和榮耀。

　　本校新完成的「稻江電競館」，是以國際級職業電競館的水準來打造，無論在空間上的設計、軟硬體的建置，以及實況轉播台的直播設施等，都是獨步全國各級學校，更是當前台灣最先進的專業設備。除此之外，這一年來，本校同學的表現更是十分亮眼，在此向各位貴賓及各位校友們報告，並共同分享。

　　首先，本校的「稻江棒球隊」，今年再度蟬連「第二屆海青杯兩岸棒球邀請賽」總冠軍，其中兩位同學更是榮獲「最佳投手」與「最佳打擊者」的殊榮，可說是為學校、為台灣爭光。稻江大學棒球隊實力堅強，目前已取得全國大專棒球聯賽公開甲組一級資格。

　　另外，本校是全國唯一擁有兩座國際標準比賽棒球場的大學，著名的「美國職棒大聯盟青棒訓練營」已連續兩年在稻江學院舉辦。今年八月更有來自美國、澳洲、捷克、俄羅斯、韓國以及日本等國家棒球隊，來台灣參加世界大學棒球錦標賽，這些世界級的棒球隊伍，也特別指定稻江的兩座球場，做為比賽前的練習基地。

　　今年11月，本校有四位餐飲系同學，參加在韓國首爾舉辦的「2018韓國國際餐飲大賽」榮獲四面金牌；時尚美容藝術管理

系也有三位同學參加「2018大韓民國美容藝術大賽」勇奪三項冠軍，以及「2018台灣國際盃髮藝美容賽」三項冠軍；而幼兒教育系、社會工作系的同學也分別獲得全國性競賽的前三名佳績；此外，還有表演藝術系多位同學的全國性公開展演，獲得各界的熱烈回響，佳評如潮。

　　為因應少子化的趨勢與挑戰，本校於104學年即調整學校的經營發展方向，朝「小而美，小而精緻，小而優質」的辦學理念永續發展。今年本校招生成果，仍是以八成七的高註冊率，居雲嘉地區的私校之首。

　　許多本校的校友、家長、教育界先進或社會各界人士，看到稻江學院今天的正向發展，都一再地稱許：「稻江與過去不一樣了！」。是的，我們每年都努力檢討校務發展計畫，強化落實「教學實用型大學」的發展內容，提供學生最好的學習環境，最佳的教學設備，最優質的教學內容，培養學生良好品德，並學習到一技之長，以達到「畢業即能就業」的教育目標。

　　本人在此謹代表稻江全體同仁，感謝各位貴賓、各位家長以及社會各界人士，對稻江的長期信賴與肯定支持。這些都是本校向前成長、永續發展的重要動力，更是每一位「稻江人」在稻江學習、成長、茁壯、畢業，以及未來事業成功的人生最美好的回憶。

　　最後，再次感謝所有貴賓在百忙中的蒞臨，並祝福大家，身體健康，萬事如意，闔家平安快樂！稻江學院生日快樂、校運昌隆！謝謝大家！

校 長　張淑中2018/12/1

附錄二　張校長對台灣高等教育政策的建言

建言一
私立大學減量政策 政府應審慎推行

　　近年來，台灣少子女化現象，已造成許多私立大學的招生困難。教育部為維護學生及教師權益，已擬出「私立大專校院轉型及退場條例」草案，希望讓招生不佳的私立大專校院，未來能夠轉型或退場。目前「私立大專校院轉型及退場條例」草案，已由行政院院會通過，未來待立法院審查並三讀通過後，即可施行。然而，未來國內只要多增加一所私立大學退場，就可能同時給予中國大陸的各大學多一分吸收台灣高級人才機會，不可不慎。

　　當前教育部思考的重要戰略問題，除了應鼓勵有意願的各地區之國立大學互相合併（例如陽明大學與交通大學兩校，即曾共議多年，希望未來合校，另成立「國立陽明交通大學」）之外，以增加國際競爭力；另一個施政重點，就是要如何協助國內私立大學亦有更強的生存競爭力，並能設法吸引中國大陸或東南亞國家的大學生來台灣就讀；而不是急於立法，只著眼於想讓國內相當數量的私立大學立即退場。

　　換言之，國內任何一所私立大專校院的退場或轉型，都涉及到上百位教職員工的家庭生計維持，也牽涉上千名學生未來的就學安頓處理，更可能造成許多博士級專業教授被迫前往中國大陸工作。尤其眾多的私立大學退場後，所造成的社會不安以及台灣高等人才可能嚴重外流的問題，我國主導高等教育政策的政府官員，千萬不能掉以輕心。

　　立法院教育及文化委員會，2018年在審議「私立大專校院轉型及退場條例」草案時，曾有執政黨的立法委員發言提到，教

育部準備了50億基金，希望用來協助私校轉型成其他教育、文化或社會福利事業等，但此做法，反而可能使私校「變成了營利單位，脫離了教育部掌握」；該名立法委員另外提出的建議方案認為，有關政府的50億基金應是用於持續辦理高等教育、提升辦學品質，而非完全用於退場機制。

　　近年來，中國大陸陸續推出各種「台生優惠方案」，積極拉攏台灣的青年朋友，已造成我國許多優秀學生紛紛西進的就學趨勢；除此之外，2018年9月1日起，又正式實施「居住證」政策，吸引我國各類的專業人才前往中國大陸工作。不只如此，中國大陸當局每年亦撥出龐大經費補助大陸各省的地方大學，讓各大學皆能發揮特色功能並擴張其國際學術影響力；反觀我國政府，卻準備推動可能讓國內高級人才外流，以及會造成學校、家長、學生極度不安的「私立大專校院轉型及退場條例」，令人不解；尤其上述條例，完全只針對私立大學作減量，但有一些招生成績不佳的公立大學卻未同時退場，此又如何令人信服！

　　總而言之，有關私立大學的退場機制，並不是不能推動，但政府必須事先做好各種評估，以及深入研究私立大學退場後的可能負面社會效應，再來審慎處理及協助改善現有國內私立大學的相關問題，才是戰略上策與關鍵所在。

建言二
私立大學為求生存的賣地做法應正面看待之

　　私立大學的經費、人力，以及資源皆有限的情形下，政府在推動私立大專校院退場及轉型的重要政策之前，應先體諒並給予一些私立學校有自力救濟機會、增強其生存競爭力，如此才能避免學校民怨產生或形成更大的社會問題。

　　媒體曾經報導，南亞技術學院擬出售中壢區精華校地，有意換購較低價的土地，取得資金將作教職員離退之用，此項消息傳出後，立即引起各界討論及教育部的質疑關注。教育部技職司的官員表示，私立學校賣地必須送教育部審查，而出售閒置校地的前提，需符合校地五公頃要求，且私校不是商業機構，不適用賣高買低商業模式，也不宜賣祖產變現。

　　近年來，台灣少子化危機已是重大的國安問題。因少子化所導致的學生來源減少、招生困難、產學合作不易，也已嚴重影響到學校的財務收入，造成許多私校的嚴重不安。如果一些私立大學，願意將其位於校園外的閒置土地給予處分（不論出售或抵押），以事先防範學校財務危機的可能發生，並維護教職員工及全體學生權益，其實教育部是要以正面態度看待並給予鼓勵。

　　換言之，只要這些私校擬處分的土地，經查證後不是祖產（原登記有案的學校用地），也不是與教學用途相關的土地，即確實是多年未使用且位於校園外的荒廢土地，教育部站在輔導私校並健全其財務結構的立場，都應准許這些私校處分上述土地。也只有讓這些私校有更充裕資金靈活使用，不論是在充實教學設備或提升師資結構方面，都能幫助這些私校解決資金困境，度過財務難關，並朝有效改善校務的道路前進。

　　其實依現行的私立學校法第49條、私立學校法施行細則第38

條、教育部促進學校財團法人辦理不動產活化實施原則第3點等法規內容，學校在不妨礙學校發展、校務進行前提下，得就不動產為之處分；亦即私立學校是可對與教學無直接關係或經核定廢置之校地、建築物設定負擔，以創造最大附加價值。

　　國內任何一所私立大學的退場，都涉及上百位教職員工的家庭生計問題，也牽涉上千名學生未來的就學安頓問題，主導重大教育政策的政府官員，不能不謹慎處理。也因而對於一些仍願意努力辦學，招生成績尚屬穩定（例如近兩年的日間部新生註冊率皆在六成以上），且財務亦未出現嚴重惡化（例如未積欠教職員薪資或任意減薪）的私立大專校院，為協助這些學校因應未來校務發展，教育部在維持公共性原則，以及適度規範將籌得資金必須用於全校師生的原則下，是有責任並給予私校機會，即應准許這些學校將閒置的不動產給予活化。

建言三
公布專案輔導名單等同宣判私立大學死刑不可不慎

　　根據資料顯示，自民國105年大學少子化開始到117年止，全國的高中職畢業人數由25萬4567人降為15萬3259人。以上公開數據，代表了未來的公私立大學的招生人數及入學人數，都將直接或間接的受到嚴重影響。

　　近年來，少子女化危機已是重大的國安問題；而因少子女化現象，所導致的生源減少、招生困難，也已嚴重影響許多大學的財務收入，並造成大量校地閒置、教職員工失業、學生被迫轉學等社會問題出現。

　　為因應少子女化衝擊、維護學生及教師權益，教育部擬建立私立大學的退場機制。但這些對私校未來生存有極大殺傷力的措施，政府必須審慎實施，否則可能會造成「教育部、學校、學生」三輸局面，不可不慎。

　　民國106年11月23日行政院通過「私立大專校院轉型及退場條例」草案，共有22條條文。目前該草案在立法院待審議中。其中草案第七條內容，特別指出如有「六種情形」之一者，私立大學將被列為「專案輔導學校」，未來有轉型發展或被強制退場的可能。此六種情形為，「學校法人或學校財務狀況顯著惡化已有不能清償債務之事實」、「積欠教職員工薪資累計達三個月以上或未經協議任意減薪」、「院所系科及學位學程師資基準不符合專科以上學校總量規定」、「全校學生數未達三千人且最近二年新生註冊率均未達百分之六十」、「違反私立學校法或有關教育法令情節嚴重影響學生或教職員工權益」，以及「教學品質經主管機關依法令規定查核未通過，經限期改善，屆期未改善或改善無效果」等規定。

　　其實教育部早有「專案輔導學校」名單的存在，但因上述法案尚未立法通過，故「專案輔導學校」名單一直未對外公告。而已被列入「專案輔導學校」名單內的私立大學，近年來，被教育部進行突擊式或無預警的教學品質查核、財務查核；或是被教育部實施扣減獎補助款的處分，皆苦不堪言。

　　2017年12月28日，教育部首度公布106學年度大專校院的「全校新生註冊率」，結果全國159所學校中，共有19所私校的新生註冊率低於六成，其中更有8所已瀕臨「退場」的紅色警戒。當時，只是一項指標的資訊被公開出來，就已引起社會各界議論，並造成許多私立大學教師、家長與學生的高度恐慌。換言之，未來立法院如果再通過「私立大專校院轉型及退場條例」草案，而教育部也依法公布被列入「專案輔導學校」名單內的所有私立大學，可預見此將對國內社會造成多大的不安。因為公布「專案輔導學校」名單，等於是提前將一些私立大專校院判了「死刑」，其對學校、學生、家長的衝擊都是非常的巨大。

　　為了減緩未來公布「專案輔導學校」的直接衝擊，2019年2月下旬，教育部公告修正「教育部輔導私立大專校院改善及停辦實施原則」，亦即在原來的「專案輔導學校」外，新增「預警學校」機制。換言之，在私立大學可能被列入專案輔導名單前，教育部會先給預警，只要這所學校能立即改善缺失，並達到教育部所規定的一些「指標」，這所學校就能重新回到「一般學校」。

　　上述教育部欲推行的預警措施，可能是希望被列為末段班的私立大學，都能事先有所警惕，也有未來改進機會，本人是十分樂觀其成。因為教育部如果在未有完全及周延的配套下，即實施並直接公布「專案輔導學校」名單，將對私立大學的未來招生或生存發展，影響太大，且將造成社會的嚴重不安。

附錄三　記者公會對稻江學院的新聞報導

嘉義市記者公會報導
稻江學院全國唯一兩座標準比賽棒球場的大學

稻江學院校長張淑中博士祝福媒體好友九一記者節快樂！

內政部長葉俊榮（右三）2018年6月9日出席稻江大學畢業典禮頒獎場景

稻江科技暨管理學院是國內唯一擁有兩座標準比賽棒球場的大學

稻江大學校長張淑中（右）致贈紀念品予張景淯同學（左）並祝福他赴美
職棒大聯盟水手隊受訓圓滿順利

稻江學院各大樓為西班牙式建築設計並首創學生兩人一房住宿政策

稻江學院休憩系棒球隊2018年5月遠赴韓國進行海外移地教學

　　稻江科技暨管理學院祝福媒體先進，九一記者節快樂！因為有您們長期的支持指導與愛護，稻江才能不斷的大步往前邁進！

稻江學院學生表現亮眼，為校為國爭光！

　　位於嘉義縣朴子市的稻江科技暨管理學院是教育部核定的第一所「教學實用型」綜合大學，培育每位學生皆擁有專業技能，並常常在國際競賽獲得大獎。例如該校餐飲管理系同學是台灣餐飲界最高榮譽「龜甲萬盃國際料理比賽」四連霸冠軍的紀錄保持者，此紀錄至今未被打破；動畫遊戲設計系同學組成的「閃電狼」電競隊伍勇奪2017年「英雄聯盟」全球總冠軍，回國後受到蔡英文總統的特別嘉勉；另外，時尚美容系同學亦拿下「韓國美容奧林匹克世界大賽」雙料冠軍。

稻江學院重視品德教育老師充滿教學熱誠

　　稻江學院是雲嘉南地區的新興大學，今（2018）年年底即將邁入創校第18年，是國內唯一擁有兩座標準比賽棒球場的國內大學；稻江校園寧靜優美，學風溫馨和諧，採取小班上課、海外移地教學、兩人一房住宿政策；學校重視品德教育，老師充滿教學熱誠，同學之間相處愉快。近年來，稻江用心辦學及績效優良，已獲得國內大企業及社會各界的高度肯定。

　　稻江學院校長張淑中博士表示，學校非常重視教學品質及實務工作學習，為配合國際環境趨勢及國內社會產業需要，近年來，學校特別推出「一系一特色一產業合作」的學用合一策略，即現有的11個學系，皆分別與一個以上的知名產業簽訂產學合作計畫，確保學生「畢業即就業、就業即上手」的教育目標。根據104人力銀行公布的「升學就業地圖」資料顯示，高達97%的稻江科技暨管理學院畢業生，都能順利地進入職場工作，是真正落

實「教學實用型」教育目標的大學。

將學生社團成果展分享嘉義地方民眾

　　為了要感謝嘉義地方鄉親對稻江學院的長期支持與愛護，稻江學院也積極將學校的各項教學成果與地方民眾分享。例如今年5月4日稻江特別在嘉義縣朴子市的樸仔腳火車頭公園，舉辦「親善社區—社團成果展演感恩音樂會」，將學校的教學特色與創意作品成果，分享給社區民眾分享。當時的成果展演及感恩音樂會，共分為靜態體驗和動態展演兩大類活動。

　　有關2018年5月4日當天「靜態體驗」活動，包括有博弈體驗、美甲彩繪、法律諮詢、手工和服穿戴體驗、一人一針繡出春、摺紙藝術體驗、啤酒釀製、金牌料理展示、手工咖啡、手做卡片DIY、體感遊戲體驗、健康體能測試體驗、健康服務小站等項目。至於「動態展演」部分，則包括鼓樂秀、電音秀、電吉他與弦樂的表演、魔幻秀、創意搞笑氣球秀、能量律動健康操、快樂動物農莊，以及稻江樂齡大學高齡學員們所表演的韓國舞。最後展演的壓軸節目，則是由表演藝術系的杜銘哲大師演唱他個人創作「跟著我」，受到地方民眾的熱烈喝彩。

內政部部長葉俊榮博士出席106學年度畢業典禮

　　另外為了彰顯稻江科技暨管理學院在高等教育上的社會責任，在校長張淑中博士的規劃下，今（2018）年6月9日所舉行的106學年度畢業典禮，以「稻江新住民之光」為主題，表揚六位努力上進、勤學奮鬥的新住民同學。計有法律學程的畢業生曾女香；美容學程的顏瑋軒、肖瀟；時尚設計學系的楊育玲；以及社會工作學系的林麗瓊、陳民桂等共六位新住民同學。她們分別來自於越南與中國大陸。稻江學院公開讚揚這些新住民畢業同學，

除了他們認同台灣、積極融入台灣生活後，還能夠利用時間，不斷自我成長、吸收專業新知，學習一技之長，為自己開創出美麗的人生，確實值得大家學習及讚賞肯定。

　　當天106學年度的畢業典禮，張淑中校長還特別邀請了內政部部長葉俊榮博士，擔任特別貴賓，並頒發「稻江新住民之光」特別獎給六位新住民學生，予以嘉許及勉勵。上述在台灣已落地生根的六位新住民同學，除了要克服在不同語言或不同族群等適應上的種種困境外，還必須深入了解台灣風俗民情，以及利用時間求學並在稻江學院學習一技之長，非常辛苦。他們刻苦耐勞、不畏艱難、勇往直前，以及努力奮鬥的精神，是所有青年朋友們的學習典範。

嘉義縣記者公會報導
稻江學院全國第一所教學實用型綜合大學

稻江科技暨管理學院是國內唯一擁有兩座標準比賽棒球場的大學

根據104人力銀行公布的資料顯示稻江學院畢業生的就業率高達97%

稻江學院各大樓為西班牙式建築設計並首創學生兩人一房住宿政策

稻江學院休憩系棒球隊2018年5月遠赴韓國進行海外移地教學

　　稻江科技暨管理學院張淑中校長率領全體同仁，祝福國內所有媒體先進朋友們，九一記者節快樂！因為有您們長期的專業支持、指導與愛護，稻江學院才能不斷的成長及持續前進。

教育部核定的第一所「教學實用型」綜合大學

　　位於嘉義縣朴子市的稻江科技暨管理學院是教育部核定的第一所「教學實用型」綜合大學，培育每位學生皆擁有專業技能，並常常在國際競賽獲得大獎。例如該校餐飲管理系同學是台灣餐飲界最高榮譽「龜甲萬盃國際料理比賽」四連霸冠軍的紀錄保持者，此紀錄至今未被打破；動畫遊戲設計系同學組成的「閃電狼」電競隊伍勇奪2017年「英雄聯盟」全球總冠軍，回國後受到蔡英文總統的特別嘉勉；另外，時尚美容系同學亦拿下「韓國美容奧林匹克世界大賽」雙料冠軍。

稻江創校18年用心辦學受到社會各界肯定

　　稻江學院是雲嘉南地區的新興大學，今（2018）年年底即將邁入創校第18年，是國內唯一擁有兩座標準比賽棒球場的國內大學；稻江校園寧靜優美，學風溫馨和諧，採取小班上課、海外移地教學、兩人一房住宿政策；學校重視品德教育，老師充滿教學熱誠，同學之間相處愉快。近年來，稻江用心辦學及績效優良，已獲得國內大企業及社會各界的高度肯定。稻江學院校長張淑中博士表示，學校非常重視教學品質及實務工作學習，為配合國際環境趨勢及國內社會產業需要，近年來，學校特別推出「一系一特色一產業合作」的學用合一策略，即現有的11個學系，皆分別與一個以上的知名產業簽訂產學合作計畫，確保學生「畢業即就業、就業即上手」的教育目標。根據104人力銀行公布的「升學就業地圖」資料顯示，高達97%的稻江科技暨管理學院畢業生，

都能順利地進入職場工作，是真正落實「教學實用型」教育目標的大學。

舉辦社團成果展及感恩音樂會回饋地方

　　為了要感謝嘉義地方鄉親對稻江學院的長期支持與愛護，稻江學院也積極將學校的各項教學成果與地方民眾分享。例如今年5月4日稻江特別在嘉義縣朴子市的樸仔腳火車頭公園，舉辦「親善社區—社團成果展演感恩音樂會」，將學校的教學特色與創意作品成果，分享給社區民眾分享。當時的成果展演及感恩音樂會，共分為靜態體驗和動態展演兩大類活動。

　　有關2018年5月4日當天「靜態體驗」活動，包括有博弈體驗、美甲彩繪、法律諮詢、手工和服穿戴體驗、一人一針繡出春、摺紙藝術體驗、啤酒釀製、金牌料理展示、手工咖啡、手做卡片DIY、體感遊戲體驗、健康體能測試體驗、健康服務小站等項目。至於「動態展演」部分，則包括鼓樂秀、電音秀、電吉他與弦樂的表演、魔幻秀、創意搞笑氣球秀、能量律動健康操、快樂動物農莊，以及稻江樂齡大學高齡學員們所表演的韓國舞。最後展演的壓軸節目，則是由表演藝術系的杜銘哲大師演唱他個人創作「跟著我」，受到地方民眾的熱烈喝彩。

公開表揚新住民同學的勤學奮鬥精神

　　另外為了彰顯稻江科技暨管理學院在高等教育上的社會責任，在校長張淑中博士的規劃下，今（2018）年6月9日所舉行的106學年度畢業典禮，以「稻江新住民之光」為主題，表揚六位努力上進、勤學奮鬥的新住民同學。計有法律學程的畢業生曾女香；美容學程的顏瑋軒、肖瀟；時尚設計學系的楊育玲；以及社會工作學系的林麗瓊、陳民桂等共六位新住民同學。她們分別來

自於越南與中國大陸。稻江學院公開讚揚這些新住民畢業同學，除了他們認同台灣、積極融入台灣生活後，還能夠利用時間，不斷自我成長、吸收專業新知，學習一技之長，為自己開創出美麗的人生，確實值得大家學習及讚賞肯定。

　　當天106學年度的畢業典禮，張淑中校長還特別邀請了內政部部長葉俊榮博士，擔任特別貴賓，並頒發「稻江新住民之光」特別獎給六位新住民學生，予以嘉許及勉勵。上述在台灣已落地生根的六位新住民同學，除了要克服在不同語言或不同族群等適應上的種種困境外，還必須深入了解台灣風俗民情，以及利用時間求學並在稻江學院學習一技之長，非常辛苦。他們如今各自在不同領域，皆有十分傑出的專業亮眼表現，不只是稻江之光，也是台灣之光。

稻江校訓

～滿招損
　謙受益～

附錄四　中央通訊社報導

一、首屆稻江盃電競邀請賽在嘉義稻江大學舉辦並受到社會各界矚目

　　稻江科技暨管理學院斥資千萬元新建的國際級職業電競場館「稻江電競館」，2018年12月1日由張淑中校長主持揭牌啟用典禮，並正式舉辦首場「稻江盃電競邀請賽」。不只如此，該校首推全國的「電競產業微學程」也已開始授課。未來稻江大學亦將透過此設備一流及先進的電競場館，舉辦各項的大型電競賽。

　　稻江大學校長張淑中教授表示，為培育更多的電競選手菁英，此次學校投入千萬元的資金，打造最先進軟硬體設備的電競館，並積極規劃相關課程，結合動畫遊戲設計系、行動科技系以及演藝系的課程，將三系的「遊戲軟體設計」、「行動網路建置」、「電競主播與賽事轉播」等專業結合，培訓電競產業相關人才，可說是目前全台各大專校院中，投入最大資金，建置最專業軟硬體，全力推動電競產業的大學。

　　張淑中校長進一步指出，「電子競技」是時代潮流的創新運動，電競產業所衍伸的範圍相當廣，包含職業選手培訓、遊戲軟體設計、網路科技環境、賽事直播等，都是進行電競賽事的重要環結，也是讓運動與科技結合的最先進產業。為配合政府當前發展電競產業的政策，稻江學院的師資、課程及教學設備均積極因應電競產業發展的趨勢與需求規劃，使教學與產業充分配合，在學期間即培訓良好的實務經驗，增強學生畢業後的競爭力，可說是全國首創將電競產業置入教學實用而獨步全台的大學。

稻江大學張淑中校長2018年12月1日主持稻江電競館的揭牌及正式啓用典禮

首屆稻江盃電競邀請賽2018年12月1日在稻江大學新建電競館比賽的場景

二、稻江學院為國家社會培育電競專業選手不遺餘力

　　近年來，稻江學院知名的動畫遊戲設計學系，已為國家培育出無數動畫設計專業人才。隨著「電子競技」與電競產業的最新發展趨勢，稻江學院即致力於電競運動發展，並培育出多位世界級的電競選手，例如動畫遊戲設計學系的洪浩軒、黃熠棠與胡碩傑三位同學，為台灣英雄聯盟（LOL）職業電競隊伍「閃電狼」的主要戰將，在2017年參加「IEM第11屆英特爾極限大師賽-英雄聯盟」總決賽中，擊敗各國強隊勇奪全球總冠軍，為台爭光，揚威國際，載譽歸國後，榮獲蔡英文總統的親自召見祝賀。

　　今（2018）年12月1日，稻江科技暨管理學院斥資千萬元新建的國際級職業電競場館「稻江電競館」，在稻江張淑中校長下主持，亦正式展開啟用典禮，並舉辦首場「稻江盃電競邀請賽」。不只如此，該校首推全國的「電競產業微學程」也已開始授課。稻江大學校長張淑中教授表示，為培育更多的電競選手菁英，學校投入千萬元資金，除打造全國最先進的電競館之外，亦同時規劃了一些專業相關課程；亦即稻江大學結合動畫遊戲設計系、行動科技系以及演藝系的課程，將三系的「遊戲軟體設計」、「行動網路建置」、「電競主播與賽事轉播」等專業結合，供同學們跨系所選修，為國家社會、為雲嘉南地方培育電競產業專業人才方面，做出貢獻。

稻江大學校長張淑中教授（中）2018年12月1日主持稻江電競館的揭牌啓
用典禮

稻江大學已規劃有許多的電競專業相關實務課程未來供同學們跨系所選修

三、稻江科技暨管理學院校長、中選會委員張淑中頒
　　發當選證書給高雄市長當選人韓國瑜、嘉義縣長
　　當選人翁章梁以及嘉義市長當選人黃敏惠

2018年12月3日中央選舉委員會委員、稻江科技暨管理學院校長張淑中博士
頒發當選證書給高雄市長韓國瑜後，對現場上百名媒體夥伴們的公開致詞

具有中選會委員身分的稻江科技暨管理學院校長張淑中2018年12月3日接
受媒體訪問的場景

2018年12月3日中央選舉委員會委員、稻江科技暨管理學院校長張淑中頒發當選證書給嘉義縣長當選人翁章梁

稻江科技暨管理學院校長張淑中和當選人嘉義縣翁章梁縣長談話的場景

2018年12月3日中央選舉委員會委員、稻江科技暨管理學院校長張淑中頒發當選證書給嘉義市長當選人黃敏惠

稻江科技暨管理學院校長張淑中（右）與嘉義市長黃敏惠（左）互動的情景

　　2018年12月3日中央通訊社發出新聞稿指出，中央選舉委員會委員、稻江科技暨管理學院校長張淑中12月3日到國民黨高雄市黨部，頒發第三屆高雄市長當選證書給高雄市長當選人韓國瑜；當天張淑中亦親自前往嘉義縣與嘉義市，分別頒發當選證書給嘉義縣長當選人翁章梁以及嘉義市長當選人黃敏惠。

四、中國大陸陝煤幼教集團參訪稻江學院並拜會張淑中校長

稻江大學張淑中校長（左）致贈紀念品予中國大陸陝煤幼教集團雷秦董事長（右）

稻江大學校長張淑中及一級主管同仁和陝煤幼教集團貴賓合影留念

　　稻江大學2018年12月1日歡慶18週年校慶，來自中國大陸西安的「陝煤幼教集團」貴賓一行人，專程前來祝福稻江18歲生日快樂，並且在校慶的前一天，即11月30日下午，先蒞臨稻江大學參訪。「陝煤」是世界500強大企業，陝煤幼教集團與西安交通大學一樣，是其附屬之教育機構。陝煤幼教集團在大陸以辦學優良出名，目前幼兒園高達有400名幼生。學費一年10萬元人民幣，且必須排隊預約等待至少一年才有機會辦法入學。陝煤幼教集團重視辦學品質，每年常至世界各地參訪與交流。此次台灣之行，特別由雷秦董事長帶領李辰花副董、惠會玲董事、陳智蓉園長、武小燕儲備園長等人前來拜訪稻江校長張淑中博士，並希望進一步洽談與稻江幼教系合作的機會與可能性。

　　雷秦董事長率團前來拜會稻江大學張淑中校長，主要是聽聞張校長辦學十分認真、重視教學實用，因此遠道千里，希望藉由參訪，建立起未來雙方的合作關係。11月30日當天，在張校長的親自接待下，舉行座談會，並由幼教系主任張子嫻進行簡報，介紹幼教系為培育教保員的合格單位、多元活潑的課程進行模式、企業提供同學全額獎學金，以及帶領學生到德國參訪世界第一所幼兒園等四大特色，以及同時擁有教保學程、各類遊戲課程、創意課程及海內外實習課程等四大課程亮點。簡報結束後，並由張校長引導貴賓參訪幼教系教學模擬室、創作教室、音樂教室、感統教室、律動教室、保母練習室、親子館等專業教室。此次參訪稻江，雷秦董事長表示，見識到稻江大學的辦學用心，以及稻江師生的表現優秀；她除了祝稻江大學生日快樂之外，也希望邀請張淑中校長未來能到西安參訪，並期待下一次進一步的交流與合作！

五、稻江學院世界大學棒球錦標賽最佳棒球練習基地

　　兩年一次的世界大學棒球錦標賽，2018年7月6日至15日在嘉義隆重揭幕，本次競賽隊伍共有來自八個國家地區的大學棒球菁英齊聚展現實力，共同飆出精彩球技。自7月4日開始，位於嘉義縣朴子市的稻江科技暨管理學院，校園中的兩座標準比賽棒球場，每天都十分熱鬧。身穿各國球服的許多棒球隊員，包括地主國中華民國、韓國、日本、美國、澳洲、香港、捷克以及俄羅斯等國家棒球選手，皆陸續進駐稻江學院棒球場，展開密集的球技與體能訓練。

　　睽違了將近八年，第六屆世界大學棒球錦標賽於本（7）月6日至15日在台灣復辦。此屆國際棒球賽，除了俄羅斯、香港、澳洲首次參賽之外，也是嘉義市第一次舉辦的大型國際棒球賽事。主辦單位「國際大學運動總會」（FISU）與承辦單位「中華民國大專院校體育總會」在比賽的7月6日至15日期間，為了讓各國棒球好手有隨時練球機會及留下良好深刻印象，特別指定棒球環境極佳的稻江學院作為各國棒球隊賽前的暖身練習場地；此因稻江學院曾多次舉辦全國性賽事與國際邀請賽，同時也培育出稻江棒球隊多次勇奪國內外大專盃棒球聯賽總冠軍，更取得晉升107學年度大專盃公開組一級資格等多項優勝殊榮，堪稱是台灣棒球界的生力軍。

　　去年美國職棒大聯盟（MLB）青棒訓練營與中日友誼交流賽等重要活動都在稻江大學舉辦；今年世界大學棒球賽又選定稻江學院為各國棒球隊的練球基地，實由於稻江學院位於嘉南平原地區，陽光普照、氣候宜人，且學校距離嘉義高鐵站只有5分鐘車程，交通便利；除了是全國唯一擁有兩座棒球場的大學，稻江更具有交誼廳、餐廳、咖啡廳、體能訓練室、室內打擊場等一流的

棒球相關設施,以及寬廣舒適的住宿空間,可說是各項棒球訓練及比賽的極佳地點。

捷克國家棒球隊(藍衣者)與稻江棒球隊(白衣者)合影留念

2018年世界大學棒球錦標賽澳洲棒球隊在稻江學院棒球場的留影

六、台大法律貴賓團為稻江學院畢業學子頒獎祝福受
　　到社會各界矚目

稻江學院校長張淑中（左一）邀請內政部長葉俊榮（左二）及台大法律貴
賓團蒞臨畢業典禮

台大法律貴賓團的台灣高等法院高雄分院洪兆隆院長頒獎給稻江畢業生

　　位於南台灣嘉義的稻江科技暨管理學院，有很多的學生都是來自於偏鄉地區、弱勢經濟家庭以及隔代教養家庭，他們有機會能夠見賢思齊並得到許多在國內社會，有成就、有貢獻、有地位的傑出一流人士，共同給予祝福及鼓勵，將是他們人生中莫大的快樂與榮耀。

　　稻江科技暨管理學院「106學年度畢業典禮」2018年6月9日（星期六）上午10時30分在嘉義校本部隆重舉行，由校長張淑中博士主持。今年稻江畢業典禮中，最受到全場師生與家長們矚目的貴賓，除了邀請到內政部部長葉俊榮博士，為畢業生公開致詞勉勵及頒獎祝福外；另一個亦引起大家矚目且深具意義的，就是「台大法律貴賓團」的蒞臨盛會。

　　今年畢業典禮，為了帶給全體學士班和碩士班畢業同學特別祝福和一個驚喜。張淑中校長特地邀請了，她過去在台大法律系的同班同學，包括內政部部長葉俊榮在內等15人組成「台大法律貴賓團」，來到嘉義縣朴子市，全程參加稻江學院的畢業典禮，並給予所有畢業生「百分百」的祝福，鼓勵每一位稻江學子大步的邁向未來。

　　張淑中校長6月9日在畢業典禮盛會上，一一介紹這十多位台大法律系畢業，現今分別在國內各專業領域，對國家社會有重要貢獻的菁英，包括知名律師、醫師、檢察官、法官、法院院長、大學教授、中央研究院研究員、民間大企業董事長、公營企業領導階層，以及政府高層人士等等。張淑中校長的此項精心規劃、用心良苦的特別貴賓安排，可能是全國大學中的首例，讓6月9日的所有稻江畢業生除了驚喜萬分之外，也皆深深的受到感動與激勵不已！

七、內政部長葉俊榮出席稻江學院畢業典禮並分享成功經驗給畢業生

內政部長葉俊榮2018年6月9日出席稻江大學106學年度畢業典禮致詞場景

稻江大學校長張淑中2018年6月9日在畢業典禮接受棒球隊員呈獻冠軍盃

　　位於嘉義縣朴子市的稻江科技暨管理學院，2018年6月9日（星期六）上午10時30分，由校長張淑中博士主持106學年度的畢業典禮。為了彰顯稻江學院在高等教育上的社會責任，今年畢業典禮特別以「稻江新住民之光」為主題，表揚六位努力上進、勤學奮鬥的新住民同學。計有法律學程的畢業生曾女香；美容學程的顏瑋軒、肖瀟；時尚設計學系的楊育玲；以及社會工作學系的林麗瓊、陳民桂等共六位新住民同學。她們分別來自越南與中國大陸。稻江學院公開讚揚這些新住民畢業同學，除了認同台灣、積極融入台灣生活後，還能夠利用時間，不斷自我成長、吸收專業新知，為自己開創出更加精采浩瀚的人生，值得大家學習及讚嘆，實為「新住民之光」

　　內政部部長葉俊榮博士，6月9日受邀為稻江學院的特別貴賓，除了在典禮上，公開致詞並以成功快樂祕訣，勉勵所有碩士班與學士班的同學外；更親自頒發了「稻江新住民之光」的特別獎，給予曾女香等六位新住民的應屆畢業生。此項特別獎項，有其意義，因為新住民在台灣各地的人口數量，每年皆有成長現象。根據內政部資料統計，目前已領有中華民國身分證的新住民人數，已超過了65萬人，這些來自各國的新住民，皆豐富了台灣的多元文化與國際視野。

　　稻江學院今年有六位表現傑出的新住民同學要接受表揚。這些在台灣已落地生根的稻江同學，過去除了要克服在不同語言或不同族群等適應上的種種困境外，還必須深入了解台灣風俗民情，以及利用時間求學並學習一技之長，非常辛苦。他們如今各自在不同領域，皆有十分傑出的專業亮眼表現。分別是畢業同學曾女香，她目前是台灣合格的越語導遊與法院翻譯員；顏瑋軒同學是經營服飾網拍的達人；肖瀟同學是國內外知名紋繡大賽的常勝軍；楊育玲同學在學期間考取了勞動部多項乙級專業證照；此

外，林麗瓊、陳民桂兩位同學曾多次榮獲全國長期照護設計賽大獎。以上六位優秀畢業同學，6月9日在稻江學院的畢業典禮上，受到當天所有來賓們的肯定讚賞，並從內政部葉俊榮部長的手中接受「稻江新住民之光」的榮耀表揚，可說是意義非凡！

八、稻江學院與國防部共同推廣ROTC落實政府與民間大學合作雙贏目標

ROTC（大學儲備軍官訓練團）教育暨招募活動在稻江大學名人講座廳盛大舉行前排右三為稻江校長張淑中博士

稻江學院與國防部合作推廣ROTC國防部亦安排「人形氣偶」在校園表演

　　位於嘉義的稻江科技暨管理學院，近兩年的大學日間部新生註冊率皆達成85%，受到社會各界及地方矚目。為了讓更多青年學子能夠減輕家庭經濟負擔，並同時實現報效國家的從軍夢想，稻江學院在校長張淑中博士的規劃下，日前與國防部合作宣導ROTC政策。張淑中校長表示，希望協助國防部推動募兵制與ROTC政策，以達到政府與民間大學合作雙贏的戰略目標。

　　總統府戰略顧問蒲澤春上將2018年5月17日率領國防部高階將官近20人，蒞臨稻江學院進行拜會、座談以及宣導ROTC政策，受到張淑中校長及全校師生的熱情歡迎。當天是由蒲澤春上將與張淑中校長共同主持招募會議，並由國防部中部人力招募中心的一位女性招募官，對著所有與會的學生、老師、家長簡報「ROTC」大學儲備軍官訓練團，並舉例說明「ROTC」的各種優惠與福利好處。

　　稻江學院與國防部合作推廣的「ROTC」（大學儲備軍官訓練團）方案，就是鼓勵大學生在稻江學院就學期間，利用每週六和寒暑假期間，接受軍事化教育和訓練，一樣就讀四年，但不必像軍校般每天過軍事化生活；同學在稻江學院想讀任何科系都有優惠補助，還有陸海空飛行等9大類軍種可以自由選擇；除了在稻江學院求學時期，完全免學費、免雜費之外，每位同學每個月還可以有1萬2000元津貼可使用；畢業後，從少尉軍官階級起薪，每月至少領取4萬8千900元的薪俸。

九、蒲澤春上將率領國防部官員蒞臨嘉義稻江學院並拜會張淑中校長

稻江大學校長張淑中（左五）及學校主管同仁與蒲澤春上將（右五）及國防部官員合影留念

稻江學院與國防部合作推廣ROTC活動，國防部亦安排「人形氣偶」在校園內表演

　　以「**小而美、小而精緻、小而優質**」知名的「稻江科技暨管理學院」，近年來的辦學績效，受到社會各界與地方高度肯定。為了讓更多青年學子能夠減輕家庭經濟負擔，並同時實現報效國家的從軍夢想，稻江學院在校長張淑中博士的規劃下，日前與國防部合作宣導ROTC政策。張淑中校長表示，希望協助國防部推動募兵制與ROTC政策，以達到政府與民間大學合作雙贏的戰略目標。

　　稻江學院與國防部合作雙贏。2018年5月17日（星期四）下，總統府戰略顧問蒲澤春上將帶領國防部高階將領一行人，蒞臨稻江學院進行拜會、座談以及宣導ROTC政策，受到張淑中校長及全校師生的盛大熱情歡迎。當天主要活動項目，除由蒲澤春上將與張淑中校長共同主持會議，國防部官員說明ROTC計畫並與稻江師生交換意見之外；國防部另外亦特別安排了由三軍官兵所扮演的「人形氣偶」表演，演出十分精彩，獲得當天與會貴賓、學生家長及稻江全體師生的熱烈喝彩。

　　「**讀書不忘報國，報國不忘讀書**」，稻江學院與國防部合作推廣的「ROTC」（大學儲備軍官訓練團）政策，就是鼓勵大學生在稻江學院就學期間，利用每週六和寒暑假期間，接受軍事化教育和訓練，一樣就讀四年，但不必像軍校般每天過軍事化生活；同學在稻江學院想讀任何科系都有優惠補助，還有陸海空飛行等9大類軍種可以自由選擇；除了在稻江學院求學時期，完全免學費、免雜費之外，每位同學每個月還可以有1萬2000元津貼可使用；畢業後，從少尉軍官階級起薪，每月至少領取4萬8千900元的薪俸。

十、稻江棒球隊勇奪全國大專棒球聯賽公開組一級資格獲張淑中校長頒獎表揚

稻江大學校長張淑中博士公開表揚棒球隊並頒贈獎狀獎金予比賽的棒球隊員

　　位於嘉義縣朴子市的稻江科技暨管理學院在2013年年底成立「稻江棒球隊」，在總教練、教練及全體球員的合作努力下，隨即在2014年3月勇奪「全國大專院校棒球運動聯賽公開組二級」冠軍；2017年8月遠赴中國大陸贏得首屆「海青盃海峽兩岸棒球邀請賽」冠軍；今（2018）年3月再拿下「全國大專院校棒球運動聯賽公開組一級」競賽資格。以上稻江棒球隊長期奮鬥的不懈精神，說明了該校對棒球運動發展的高度重視及全校棒球隊師生的努力有成。

　　今（2018）3月31日（星期六），稻江科技暨管理學院休閒

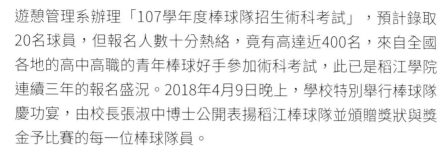

遊憩管理系辦理「107學年度棒球隊招生術科考試」，預計錄取20名球員，但報名人數十分熱絡，竟有高達近400名，來自全國各地的高中高職的青年棒球好手參加術科考試，此已是稻江學院連續三年的報名盛況。2018年4月9日晚上，學校特別舉行棒球隊慶功宴，由校長張淑中博士公開表揚稻江棒球隊並頒贈獎狀與獎金予比賽的每一位棒球隊員。

　　近年來，稻江大學的用心辦學及績效優良，已獲得國內許多大企業的高度肯定，無論小班教學、專業師資、海外實習、兩人一房住宿政策，皆十分有特色。尤其學校重視品德教育，老師充滿教學熱誠，同學之間相處愉快。根據教育部去年公布的官方資料顯示，2016年稻江大學日間部的新生註冊率84.04%，2017年為85.88%。上述近兩年的數據證明，稻江科技暨管理學院的辦學優良及招生成績，在雲嘉南地方甚至是全國地區，都可謂是名列前茅。

　　稻江學院是教育部核定的第一所「教學實用型」綜合大學，培育每位學生皆擁有專業技能，並常常在國際競賽獲得大獎。例如餐飲管理系同學目前是台灣餐飲界最高榮譽「龜甲萬盃國際料理比賽」四連霸冠軍的紀錄保持者；動畫遊戲設計系同學組成的「閃電狼」電競隊伍勇奪2017年「英雄聯盟」全球總冠軍，受到蔡英文總統的特別嘉勉；時尚美容系同學亦拿下「韓國美容奧林匹克世界大賽」雙料冠軍。

十一、稻江學院獨立招生再創佳績107學年度研究所招生率達百分百

稻江學院是國內唯一擁有兩座標準比賽棒球場的大學

2018年5月4日稻江大學以感恩心情舉辦活動將教學成果分享給嘉義地方民眾

　　近年來，正當國內各大學皆受到少子化影響而普遍招生不滿情形下，位於嘉義的稻江科技暨管理學院，今年107學年度的碩士班報名人數爆滿，經最後甄試與考試錄取後，該校2018年的五個研究所，今年招生仍然同去年一樣，皆達招生滿額100%的成績，十分不容易。

　　稻江大學近年來用心辦學的優良，早已獲得國內各界及地方肯定。根據教育部去年公布「全國大專校院新生註冊率查詢系統」的資料顯示，2016年稻江大學日間部新生註冊率為84.04%，2017年為85.88%。除此之外，學生對外比賽表現更是不凡，例如餐飲管理系同學目前是台灣餐飲界最高榮譽「龜甲萬盃國際料理比賽」四連霸冠軍的紀錄保持者；動畫遊戲設計系同學組成的「閃電狼」電競隊伍勇奪2017年「英雄聯盟」全球總冠軍，受到蔡英文總統的特別嘉勉；時尚美容系同學亦拿下「韓國美容奧林匹克世界大賽」雙料冠軍。

　　稻江科技暨管理學院是國內唯一擁有兩座標準比賽棒球場的國內大學；校園寧靜優美，學風溫馨和諧，採取小班上課、海外移地教學、兩人一房住宿政策；學校重視品德教育，老師充滿教學熱誠，同學之間相處愉快。近年來，稻江學院並將學校的辦學績效及學生成果，透過舉辦各項活動（例如2018年5月4日舉辦「親善社區社團成果展演感恩音樂會」）回饋給嘉義地方鄉民。

　　稻江大學張淑中校長2015年6月1日上任後，非常重視教學品質及學生品德教育，更推出「一系一特色一產業合作」的學用合一策略，現有11個學系皆分別與一個以上的知名產業簽訂產學合作計畫，確保學生「**就學就業，無縫接軌**」的教育目標。

十二、稻江大學與嘉義榮民服務處簽訂產學合作計畫

　　「稻江科技暨管理學院與嘉義榮民服務處就學就業合作簽署儀式」於2017年5月3日在嘉義稻江學院簽訂。由稻江校長張淑中教授與嘉義榮民服務處處長董順共同簽訂，雙方共同協助為國軍退除役官兵提供最佳就學與就業管道。目前行政院退除役官兵輔導委員會在服務榮民的政策上已放寬標準，凡是服役四年以上至九年以下的退役弟兄姐妹都是服務對象。特別是提供就學和就業的輔導，因此雙方的合作計畫意義重大。近年來，稻江學院的辦學績優已獲各界肯定，無論是招生率、教學設備、專業師資，皆十分亮眼；尤其學生對外表現，屢創佳績，一再揚名國內外，在嘉義地區已是首屈一指的私立大學，也絕對是提供在地榮民弟兄姐妹與榮眷們就學、就業的唯一首選。

　　此次簽約儀式，由嘉義榮民服務處董順處長親自率領該處副處長、總幹事以及各部門主管等一行八人，前往稻江學院拜會並簽約。稻江校長張淑中親自接待，並召集一級主管與在校服務的榮民，包括在行政與學術單位服務的教職員共十餘人列席觀禮，足見雙方對此合作計畫的簽訂十分重視。

　　張淑中校長表示，近年來學校的各項傑出表現，可說是讓外界十分驚艷，一再破全國紀錄。例如，是全國唯一擁有兩座標準比賽棒球場的大學，有全國最高級的兩人一房學生宿舍，更首創一次聘任三大國寶名廚在學校任教。除此之外，學生對外比賽，更是揚名國內外，例如，動畫遊戲設計系的「閃電狼」電競選手奪得全球總冠軍，榮獲蔡英文總統召見與行政、立法兩院院長的接見嘉勉；再如，餐飲管理系學生顏立勳贏得「2017日本國際料理大賽」冠軍；時尚美容系林彥廷同學拿下「韓國美容奧林匹克世界大賽」雙料冠軍；休閒遊憩系田仲崴同學獲得今年全國大專

棒球聯賽的打擊獎第一名。以上種種優秀表現，都說明了稻江實力堅強，已受到社會重視與肯定，也是未來許多榮民、榮眷，可以選擇就學、就業的好大學、好地方！

稻江校長張淑中教授（右）與嘉義榮民服務處處長董順（左）簽訂產學合作計畫

十三、稻江校長張淑中主持樂齡大學開學典禮地方資深公民快樂地領取書包

　　稻江大學為響應教育部推動中高齡者終身學習計畫，今年已經連續第八年，獲教育部補助開辦「樂齡大學」。教育部積極委託各大專校院辦理「樂齡大學」活動，係代表著政府及社會各界皆認同此種學習方式；而位於嘉義縣朴子市的稻江大學，也希望透過這種有意義的教育政策實施，能將學校的各種資源分享給地方社區使用，並讓更多的地方民眾能深入認識稻江大學。

　　106學年度「樂齡大學」的開學典禮，是於2017年9月21日（星期四）上午9時在稻江大學校本部舉行。張淑中校長主持開學典禮時，除表達歡迎25位的樂齡學員蒞臨稻江大學吸收新知、充實學問外；並詳細說明稻江校園環境優美，教學設備完善，尤其今年的學習課程安排上，更結合教育部鼓勵學校的發展特色來設計課程；典禮過程中，張淑中校長亦一一頒發樂大書包予每一個資深公民並與其握手致意。

　　本年度「樂齡大學」計畫，是由稻江大學「社會工作學系」負責主辦；其他如「餐飲管理系」、「動畫遊戲設計學系」、「法律學程」、「幼兒教育學系」、「通識教育中心」等共同協辦。今年「樂齡大學」所開設的課程包含認識自我、養生保健、烘焙、電腦、生活新知、外語等實用課程，相信可讓此次25位的樂齡學員學習到多元的知識，讓生活更加多采多姿。

　　張淑中校長表示「樂齡大學」除可滿足資深公民一圓「大學夢」之外，更可讓這些資深長輩們在智慧知識的現代時代中，廣泛吸取新知，以實現「活到老、學到老」的終身學習精神。最後，張校長再祝福25位樂齡學員在稻江大學，要以最快樂、最輕鬆的心情來學習；並亦提醒大家早晚天涼，上課時要多添加衣

服，有空時也多到我們美麗的校園走走，希望大家互動愉快、身
體健康、萬事如意！

稻江大學校長張淑中博士親自頒發106學年年度「樂齡大學書包」予地方
資深公民

十四、獨立招生成績亮眼 稻江學院今年招生率92%

今（2016）年被視為大學招生的「105大限」。少子化影響對技專院校的衝擊遠大於一般大學，今年8月登記分發放榜，一般大學有6校的學生缺額逾5成，技專校院則多達21校；也就是說，每4所大專校院就有1所，招不到一半的學生。

但是位於嘉義縣朴子市的稻江科技暨管理學院，卻不受少子化趨勢的影響，今年招生率有九成二之多，令各界驚艷。其實從今年暑假期間，稻江研究所的招生考試爆滿，各研究所都招生滿額情形，就可知道稻江學院自從校長張淑中上任後，與全校同仁努力辦學的認真精神，已受到社會各界的肯定！

2015年張淑中校長上任後，為因應台灣少子化的挑戰，規劃學校朝向一個「小而美、小而精緻、小而優質」並能「永續發展」的方向經營；更帶領全校同仁上下一心、共同努力，積極配合地方發展趨勢（例如馬稠後產業園區的開發計畫），以及結合地方兼國家級的觀光政策（例如故宮南院的開館營運），逐步將稻江在南台灣發展出具有獨特優勢的學校特色。

尤其近年來，稻江科技暨管理學院的優異表現，更受到全國各界的重視及稱讚。例如，由休閒遊憩管理系同學所組成的「稻江棒球隊」，曾多次奪得大專校院棒球運動聯賽的全國冠軍。2016年學校再斥資千萬元興建第二座棒球場，未來稻江學院將成為全台灣唯一擁有兩座標準比賽棒球場的國內私立大學。

稻江學院是國內學校中最鄰近世界級「故宮南院」的大學，只有3至5分鐘車程距離，文風鼎盛。稻江學院首創「兩人一房」住宿政策優於全國各大學，讓學生享有更舒適與最安寧的住宿環境。稻江校園面積廣大，高達35公頃之多，勝於國內許多公私立大學。

　　許多知名人士選擇稻江學院就讀且表現優秀，也是學校的一大特色。例如「表演藝術學程」同學王大陸所主演「我的少女時代」，在兩岸、新加坡及南韓上演票房超過30多億元，轟動全亞洲。再如，中華職棒中信兄弟隊棒球明星鄭達鴻就讀「幼兒教育研究所」及中華職棒中信兄弟隊強打好手蔣智賢就讀「休閒遊憩管理系」，都是最好例子。今年7月，稻江學院再創下全國紀錄，一次禮聘三位國寶級名廚（郭宏徹、施建發及陳兆麟等大師）到校授課，勇冠台灣！

位於嘉義縣的稻江學院近年來發展棒球運動成效受到國內外的高度矚目，其最大功臣首推張淑中校長

十五、美國職棒大聯盟球探參加第二屆稻江盃全國青棒賽開幕典禮

　　近年來，稻江科技暨管理學院極力推展棒球運動，稻江棒球隊更曾多次獲得全國大專棒球比賽的冠軍，名聲享譽全台，甚至引起美國職棒大聯盟紅襪及水手隊的亞洲區總球探重視且多次到學校參訪。此次「105年第二屆稻江盃全國高中棒球錦標賽」在稻江學院舉行，又引起美國職棒辛辛那提紅人隊的注意，特地派人到稻江學院參加比賽的開幕典禮，非常難得！

　　2016年12月12日稻江校長張淑中主持「105年第二屆稻江盃全國高中棒球錦標賽」的開幕典禮，為嘉義地方的一大盛事。當天比賽的開球儀式，是由張淑中校長及中華民國學生棒球運動聯盟陳德華祕書長，以及稻江棒球總教練黃嘉育共同主持。另外，美國職棒大聯盟球隊「辛辛那提紅人隊」的亞洲球探杰米先生，也特別前來稻江學院參加開幕典禮並觀看球員的棒球表現。

　　張淑中校長致詞時表示，去（2015）年校慶，稻江舉行了第一座棒球場啟用典禮，並圓滿成功舉辦了第一屆稻江盃的全國高中棒球比賽；今年校慶在11月26日舉行，本校又完成了第二座棒球場的開幕典禮，而且又在今天舉辦了第二屆稻江盃的全國高中棒球比賽。大家能在稻江這兩座新的棒球場參加全國性的比賽，是非常有意義及難得的事情。張校長鼓勵13支參加球賽的隊伍，要秉持「勝不驕、敗不餒」的精神，努力奮鬥；並期許每一位比賽選手，全力以赴，不只奪得好成績，更要學習到寶貴經驗。

稻江大學校長張淑中致詞歡迎美國大聯盟辛辛那提紅人隊亞洲球探杰米
（左）參加第二屆稻江盃青棒賽開幕典禮

稻江學院
「小而美、
小而精緻
小而優質
的大學」

附錄五　《聯合晚報》對稻江學院的新聞報導

一、斥資千萬元「稻江電競館」培育國際級電競選手

　　近年來，稻江科技暨管理學院不只發展棒球運動有成，連續兩年勇奪「海青盃海峽兩岸棒球邀請賽」總冠軍，受到海外國家的高度重視；更致力於電競運動的發展，2018年12月1日，耗資新台幣千萬元打造的國際級「稻江電競館」，由稻江學院張淑中校長與嘉義縣副縣長李明岳等貴賓共同揭牌啟用，並舉辦首屆「稻江盃電競邀請賽」。

　　稻江校長張淑中博士表示，「稻江電競館」是以職業水準的電競館藍圖所特別設計，無論在空間規劃、軟硬體建置方面，以及實況轉播台的直播設備，都是獨步全國各級學校，更是當前少數擁有電競館的大學中，具有專業攝影棚等整套電競設施的一流場館。未來除了希望為國家培育電競專業選手之外；稻江學院亦將配合政府電競政策，結合地方資源，舉行地區性、全國性，甚至是國際性的電競大賽。

　　稻江學院近年在電競運動的發展，已培育出多位國際級電競選手。例如動畫遊戲設計學系的洪浩軒、黃熠棠與胡碩傑三位優秀同學，為英雄聯盟（LOL）職業電競隊伍「閃電狼」的主要戰將，2017年參加「IEM第11屆英特爾極限大師賽—英雄聯盟」總決賽，擊敗世界各國強隊勇奪全球總冠軍，為台灣爭光，載譽歸國後，榮獲蔡英文總統的召見祝賀。

　　張淑中校長說，電子競技是時代潮流的創新運動，電競運動所衍生的相關產業相當廣，包含職業選手培訓、遊戲軟體設計、網路科技環境、賽事現場直播等，都是學校發展電競運動的重點；稻江學院的師資、課程及教學設備，皆是因應電競發展趨勢

特別規劃，務使教學與產業配合，可說是全國首創將電競產業置入教學實用而獨步全台的大學。

稻江大學校長張淑中教授2018年12月1日（右三）和貴賓共同舉行「稻江電競館」的揭牌啟用典禮

二、稻江學院動遊系赴日本學術交流

　　為了持續增強學生的電競相關專業能力，並吸收各國電競發展的最新知識，以及拓展學生的國際視野，稻江學院非常鼓勵老師帶領同學前往海外進行移地教學，並展現了豐碩的教學成果。例如2018年12月10日，稻江「動畫遊戲設計學系」由羅順年系主任率領15位菁英學生，赴日本展開學習與學術交流活動，共參訪了以「動漫設計」、「電競軟體設計」、「電競運動發展」聞名全球的多所日本公私立大學。

　　稻江學院校長張淑中教授表示，未來除多鼓勵稻江學生走出教室、走出台灣，以增進國際觀、國際知識之外；學校目前亦已規劃許多的電競相關課程，亦即結合現有的「動畫遊戲設計學系」、「行動科技系」以及「表演藝術系」的專業課程，將三系的「遊戲軟體設計」、「行動網路建置」、「電競主播與賽事轉播」等專業科目結合，供學校其他各系所的同學都能選修，並希望每位同學也都有「電競第二專長」，如此規劃與作為，相信能為台灣培訓出更多的電競產業專業人才。

稻江大學動遊系學生電競實力堅強2017年勇奪IEM英雄聯盟全球總冠軍，
揚威國際，為台灣爭光！

三、稻江棒球隊蟬聯海青盃兩岸棒球賽冠軍

稻江大學棒球隊2018年8月參加第二屆海青盃兩岸棒球邀請賽再度奪下總冠軍

　　去（2017）年稻江學院棒球隊前往中國大陸福州市，擊敗北京大學、交通大學等多支強勁隊伍，勇奪首屆「海青盃海峽兩岸棒球邀請賽」總冠軍；今（2018）年8月上旬，再度前往征戰，擊退福建農林大學、廈門大學等兩岸眾多對手，成功贏得並蟬聯第二屆「海青盃海峽兩岸棒球邀請賽」總冠軍，為台灣爭光。此次比賽，楊宏文、章育碩兩位稻江同學，並以優異球技分別榮獲大賽「最佳投手獎」與「最佳打擊者獎」。

　　近年來，稻江科技暨管理學院發展棒球運動有成，受到許多海外國家的重視。美國職棒大聯盟「紅襪」、「水手」及「辛辛那提紅人隊」等亞洲區總球探陸續參訪稻江棒球隊之外；韓國的各級棒球隊，更是每年來台並進駐稻江學院，作為冬季移地訓練的重要基地；今年7月在台灣舉辦的「世界大學棒球錦標賽」，主辦單位亦特別指定稻江學院的兩座標準比賽棒球場，作為各國

棒球隊的練球場地。

　　由於稻江棒球隊已打出國際名聲，每年該校休憩系及其研究所招生，只有20位棒球新生與10位研究生名額，結果報考人數常爆滿，每年皆高達4、5百人以上，屢創歷史紀錄新高。

四、稻江學院張淑中校長鼓勵同學參加ROTC同時完成 讀大學與從軍報國夢想

　　稻江科技暨管理學院張淑中校長表示，一個年輕人若能同時完成讀大學及從軍報國的心願，真的要好好把握機會。張校長曾在國防大學戰略研究所教書，目前該校有許多的高級主管也都是出身軍人背景。例如劉成主任祕書是陸軍備役少將，龍元海副總務長是陸軍備役上校；時尚美容系與表演藝術系的兩位系主任，也都是職業軍官退役後，再轉任為大學教授；不只如此，稻江學院的教務處、總務處等行政單位，更有十多位的優秀同仁，亦都是職業軍人退役。張淑中校長表示，軍人做事認真負責，刻苦耐勞，尤其具有團結感、榮譽心，並對長官交付的任務，都會努力圓滿達成。

　　張淑中校長認為，軍旅生活是一個人難得經歷的人生過程，能讓一位青年人在部隊中，學到紀律、團結、克服困難、專業技術，以及領導統御的管理技能。因此張淑中校長十分贊成及鼓勵年輕人從軍報國。為了讓更多的稻江學子能夠減輕家庭經濟負擔，並同時實現讀大學及從軍報國的雙重夢想。日前稻江學院在校長張淑中博士的規劃下，特別地與國防部合作宣導ROTC政策。張校長表示，希望協助國防部推動募兵制與ROTC政策，以達到政府與民間大學合作雙贏的戰略目標。

　　總統府戰略顧問蒲澤春上將2018年5月17日，率領國防部高階將官近20人，蒞臨稻江學院進行拜會、座談以及宣導ROTC政策，受到張淑中校長及全校師生的熱情歡迎。當天主要活動，由蒲澤春上將與張淑中校長於名人會議廳共同主持ROTC的教育暨招募會議，會場座位爆滿，近三百名的稻江老師、學生及家長們出席會議。

　　稻江大學與國防部合作推廣的「ROTC」（大學儲備軍官訓練團），鼓勵學生在稻江學院就學期間，利用每週六和寒暑假期間，接受軍事化教育和訓練，一樣就讀四年，但不必像軍校般每天過軍事化生活；同學在稻江學院想讀任何科系都有優惠補助，還有陸海空飛行等9大類軍種可以自由選擇；除了在稻江學院求學時期，完全免學費、免雜費之外，每位同學每月還可以有1萬2000元津貼可使用；畢業後，從少尉軍官階級起薪，每月至少領取4萬8千900元的薪俸。

稻江大學校長張淑中博士（右）與總統府戰略顧問蒲澤春上將（左）
2018年5月17日在稻江校園內合影

位於嘉義的稻江大學支持政府實施募兵制並鼓勵同學踴躍加入ROTC

五、稻江學院首創全國兩人一房住宿政策讓學生安心就學

稻江大學十分重視學生的讀書與住宿環境校園大樓的西班牙式建築極有特色

　　國內有許多大學的宿舍房間不夠，導致學生必須在學校外面租房子，此不只浪費交通時間與金錢，也造成學生無法有更多時間享受安靜的校園生活。稻江科技暨管理學院是全國首創「兩人一房住宿」政策的大學，且是國內唯一擁有兩座標準比賽棒球場的大學，學生所享有的舒適生活空間很大。

　　稻江科技暨管理學院是採用「獨立招生」方式的大學，近年來，台灣少子女化的趨勢非常嚴重，但稻江學院在今（2018）年4月碩士班的報名人數仍然爆滿，五個研究所的招生率皆達100%

的滿額成績。教育部最近兩年公布的「全國大專校院新生註冊率查詢系統」的資料顯示，稻江大學2016年日間部新生註冊率為84.04%，2017年高達85.88%。上述招生成績，在雲嘉南地區名列前茅。以上數據亦顯示，稻江大學的努力辦學認真及師生優異表現，已得到社會各界及許多家長們的肯定。

稻江學院是教育部核定的第一所「教學實用型」綜合大學，培育每位學生皆擁有專業技能，並常常在國際競賽獲得大獎。例如餐飲管理系同學目前是台灣餐飲界最高榮譽「龜甲萬盃國際料理比賽」四連霸冠軍的紀錄保持者；動畫遊戲設計系同學組成的「閃電狼」電競隊伍勇奪2017年「英雄聯盟」全球總冠軍，受到蔡英文總統的特別嘉勉；時尚美容系同學亦拿下「韓國美容奧林匹克世界大賽」雙料冠軍。

稻江科技暨管理學院是新興大學，今年年底即將邁入創校第18年，是國內唯一擁有兩座標準比賽棒球場的國內大學；學校重視品德教育，老師充滿教學熱誠，同學之間相處愉快。

近年來，稻江大學非常重視教學品質及實務工作學習，更推出「一系一特色一產業合作」的學用合一策略，現有11個學系皆分別與一個以上的知名產業簽訂產學合作計畫，確保學生「畢業即就業、就業即上手」的教育目標。根據104人力銀行公布的「升學就業地圖」資料顯示，高達97%的「稻江科技暨管理學院」畢業生，都能順利地進入職場工作，是真正落實「教學實用型」教育目標的大學。

位於嘉義縣朴子市的稻江大學，距離故宮南院及嘉義高鐵車站皆只有5分鐘車程，從台北搭乘高鐵到學校也只需1小時30分，交通十分便利。學校採用小班教學，兩人一房住宿政策，更是受到學生歡迎。

六、稻江大學兩座棒球場 韓國首選冬訓基地

稻江學院校長張淑中（左）和韓國職棒NC恐龍隊教練韓文挺（右）互贈紀念品

　　南台灣的溫暖冬陽及宜人氣候，最適合棒球發展與冬季訓練。位於嘉義縣朴子市的稻江科技暨管理學院，即使今年春節期間，校園中的兩座標準比賽棒球場，仍然充滿運動活力。計有韓國的城南高中（32名棒球生）、北一高中（33名棒球生）、徽文高中（28名棒球生）以及嶺東大學（40名棒球生），陸續進駐稻江棒球場，展開一個月的冬季訓練，直至2018年2月下旬才離校返國。

　　我國棒球好手王維中今（2018年）年1月加盟的韓國職棒NC恐龍隊共50名球員，也於日前專程來台並選擇稻江學院進行冬季移地訓練，預計2018年3月18日結訓。近年來，韓國各級棒球隊

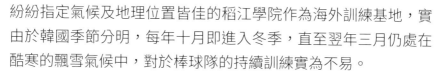

紛紛指定氣候及地理位置皆佳的稻江學院作為海外訓練基地，實由於韓國季節分明，每年十月即進入冬季，直至翌年三月仍處在酷寒的飄雪氣候中，對於棒球隊的持續訓練實為不易。

　　稻江學院校長張淑中博士表示，去年美國職棒大聯盟（MLB）青棒暑假訓練營在此舉行，今年韓國各級棒球隊又來到稻江，實由於學校位於嘉南平原地區，一年四季陽光普照，距離嘉義高鐵站也只5分鐘車程，交通便利；除了是全國唯一擁有兩座棒球場的大學，稻江更具有舒適的住宿空間、餐廳、交誼廳、咖啡廳、體能訓練室、室內打擊場等一流棒球周邊設施，再加上可和稻江棒球隊進行球技交流，一整年都是棒球訓練的絕佳地點。

七、稻江學院斥資百萬元製作棒球花燈參展2018台灣燈會

稻江學院斥資百萬餘元參展2018台灣燈會的創意棒球花燈造型

　　近年來，稻江科技暨管理學院在校長張淑中博士規劃下，發展棒球運動的成效卓著，受到各界矚目。去年暑假，稻江休憩系招收20名棒球生，報考人數高達423位，打破歷年報名紀錄。2017年稻江棒球隊前往中國大陸，勇奪「海青盃海峽兩岸棒球邀請賽」總冠軍。稻江棒球隊明年已計畫前往韓國、日本等國家，與亞洲各國大學進行球技交流及友誼比賽。今年1月寒假，稻江學院首度開辦兩岸少年棒球冬令營，有來自國內及中國大陸鄭州、深圳等縣市近100位的兒童報名參加。今年2至3月，嘉義縣政府所承辦的「2018台灣燈會」，為配合此項國家級活動並發揚台灣國球精神，稻江學院不惜斥資百萬餘元，特別製作了四座皆高達5公尺以上的巨型棒球花燈參展。

八、稻江兩座棒球場 俄羅斯棒球隊：讚！

俄羅斯國家棒球隊員對稻江學院兩座標準棒球場的設備齊全讚美有加

　　位於嘉義縣朴子市的稻江科技暨管理學院，自2018年7月4日開始，校園中的兩座標準比賽棒球場，每天都十分熱鬧。身穿各國國名的許多棒球隊員，包括地主國中華民國、韓國、日本、美國、澳洲、香港、捷克以及俄羅斯等國家棒球選手，皆陸續進駐稻江學院棒球場，展開密集的球技與體能訓練。

　　睽違了將近八年，第六屆世界大學棒球錦標賽於2018年7月6日在台灣復辦。此屆國際棒球賽，除了俄羅斯、香港、澳洲首次參賽之外，也是嘉義市第一次舉辦的大型國際棒球賽事。主辦單位「國際大學運動總會」（FISU）與承辦單位「中華民國大專院校體育總會」在比賽的2018年7月6日至15日期間，為了讓各國棒球好手，有隨時練球機會及留下良好深刻印象，特別指定棒球環

境極佳的稻江學院，作為各國棒球隊的練習場地。

　　稻江學院校長張淑中博士表示，去年美國職棒大聯盟（MLB）青棒訓練營與中日友誼交流賽等重要活動都在此舉辦；今年世界大學棒球賽又選定稻江為各國的練球基地，實由於稻江位於嘉南平原地區，陽光普照、氣候宜人，且學校距離嘉義高鐵站只有5分鐘車程，交通便利；除了是全國唯一擁有兩座棒球場的大學，稻江更具有交誼廳、餐廳、咖啡廳、體能訓練室、室內打擊場等一流的棒球相關設施，以及寬廣舒適的住宿空間，可說是各項棒球訓練及比賽的極佳地點。

九、2017年美國職棒大聯盟青棒訓練營在稻江學院開訓（海峽兩岸青棒好手相聚在稻江）

稻江張淑中校長致詞歡迎美國職棒大聯盟青棒訓練營在稻江大學展開訓練

　　近年來稻江學院在校長張淑中教授極力推展棒球運動下，各項棒球運動的軟、硬體建設陸續完成，不但首創全國唯一擁有兩座標準比賽棒球場的大學，且多次舉辦全國性的高中、大專盃棒球比賽。韓國多支著名的職業棒球隊伍，更常來台灣並選擇稻江棒球場作為其冬季訓練基地。除此之外，稻江棒球隊員的傑出表現，例如休閒系學生田仲崴奪得今（2017）年大專棒球聯賽全國打擊獎第一名成績，更使得稻江培育棒球人才的績效受到海內外的重視；去年上半年及下半年，更有美國職棒大聯盟「紅襪隊」、「水手隊」及「辛辛那提紅人隊」等亞洲區總球探，相繼前來參訪稻江棒球隊員的訓練。

　　「2017美國職棒大聯盟（MLB）青棒暑假訓練營」於8月3日上午在稻江學院正式開訓。參與開訓典禮的貴賓有稻江學院校長張淑中博士、美國職棒亞太區棒球推廣總經理Mr. Rick Dell、中華民國棒球協會（CTBA）國際組主管Chris Day，以及10多名美國職棒大聯盟的專業教練等。訓練營為期18天，共有來自全台各高中職的優秀青棒選手53位，以及來自中國大陸的14位，共計有67位華人地區最優秀的青棒選手參與全程培訓。

　　「美國職棒大聯盟青棒訓練營」是美國職棒大聯盟（MLB）在亞洲區一項重要的年度培訓營，可說是為未來進入美國職棒的棒球人才選拔營，因此受到整個亞太地區棒球界的高度關注。開訓典禮，張淑中校長以地主身分致詞，張校長首先對所有參與的貴賓和遠道而來參加培訓的優秀青棒選手表達熱情的歡迎與崇高敬意，特別是感謝中華民國棒球協會，讓這項全球關注的棒球菁英培訓與選才盛事能在稻江科技管理學院隆重舉行，張校長並祝福此次的訓練營能圓滿、成功、順利完成。

十、美職棒大聯盟青棒營連續兩年稻江學院開訓

稻江校長張淑中歡迎美國職棒大聯盟技術總監Mr. Rick Dell（右）率隊至稻江學院開訓

　　2018美國職棒大聯盟青棒暑假訓練營8月1日至21日在稻江科技暨管理學院開訓。此次訓練營有10多名美國職棒大聯盟專業教練，以及來自海峽兩岸共計63位的最優秀青棒選手參與培訓。另外今年訓練營是連續第二年在稻江舉辦，意義不凡。

　　美國職棒亞太區棒球總監Mr. Rick Dell說，MLB青棒訓練營在台灣舉辦六次，最近連續二年在稻江舉辦，是因為稻江學院擁有兩座標準比賽棒球場，且校內相關周邊設備十分齊全亦是主因。Mr. Rick Dell並表示，2019年美國職棒大聯盟將贊助全部經費，邀請稻江棒球隊至中國大陸比賽，此將是台灣唯一被邀請的大學隊伍。

　　稻江校長張淑中表示，為協助國家社會培育優秀的棒球人才，稻江科技暨管理學院每年都會固定撥出預算，由休閒遊憩管理學系公開招考20名左右的棒球生（即完全公費性質，不收學雜費並提供免費住宿）。另外，為了提升棒球專業技術以及拓展棒球學生的國際視野，今（2018）年5月，稻江特別帶領22位棒球隊學生遠赴韓國，進行海外球技訓練並與韓國多所公私立大學舉行棒球聯誼賽，明（2019）年亦已規劃前往日本與一些知名的體育大學進行球技交流。

　　由休閒遊憩管理學系同學所組成的稻江棒球隊，已多次獲得海內外棒球比賽冠軍，目前是屬於全國大專盃公開甲組（一級）隊伍；稻江學院每年畢業的棒球專業人才，出路極廣，且是許多國小、國中、高中學校棒球教練的主要來源；張淑中校長表示，未來除持續將台灣「國球」發揚光大之外，更希望稻江棒球隊能多參加國際比賽並為國爭光！

十一、稻江學院榮獲海青盃兩岸棒球賽總冠軍

2017年8月中旬在大陸福州市舉行的海青盃海峽兩岸棒球賽，來自台灣的稻江大學奪得總冠軍

　　稻江科技暨管理學院棒球隊2017年8月受邀參加中國大陸首屆「海青盃海峽兩岸棒球邀請賽」，實力堅強，擊敗來自海峽兩岸包括北京交通大學、福建農林大學等眾多強勁對手榮獲冠軍，其中楊宏文、劉韋君兩位稻江同學更分別獲選為大賽的「最佳投手」與「最佳打擊者」。此為稻江棒球隊繼勇奪全國大專校院棒球聯賽總冠軍之後，再將台灣「國球」實力跨越海峽締造佳績並抱回冠軍盃為台灣爭光。

　　近年來，稻江學院發展棒球的熱情舉動，以及稻江棒球隊員的優異表現，不只受到國內社會各界的矚目，更受到國外許多國家的重視。例如2017年4月稻江學院休憩系公開招收20名的棒球

新生，結果參加棒球術科考試的報名人數高達423位，打破去年345人報名紀錄，再創歷史新高。

去（2016）年上半年及下半年，美國職棒大聯盟「紅襪」、「水手」及「辛辛那提紅人隊」等亞洲區總球探，相繼參訪稻江棒球隊員的訓練。韓國最大體育運動媒體「體育報」也派記者專程來台訪問稻江校長張淑中對推廣學校棒球運動的理念與使命。

今（2017）年2月，韓國著名的青園高中、北一高中、城南高中等三所學校青棒隊，繼韓國LG職業棒球隊、CYBER大學棒球隊後，亦進駐稻江學院，實施為期一個多月的冬季移地訓練。

張淑中校長表示，稻江學院是國內唯一擁有兩座標準球場的大學，各項棒球設備及相關設施完善，包括有體能訓練場、投手練習場、打擊練習場、餐廳、宿舍、交誼廳、咖啡廳、便利商店等。張淑中亦表示，由於今年動遊系的三名「閃電狼」同學勇奪全球電競大賽的總冠軍為國爭光，學校已規劃並決定在今年年底成立「電競館」，而此科技的「電競館」也將與表演藝術系的專業「攝影棚」，未來共同作為學校推廣棒球運動及直播棒球比賽的重要輔助設備。

十二、稻江大學推廣棒球打出國際名號

近年來稻江棒球隊對外比賽戰績表現優異，此為2018年4月9日學校舉行慶功宴張淑中校長嘉勉及頒贈獎金予稻江棒球隊總教練黃嘉育

　　稻江學院近兩年的大學新生註冊率皆達85%以上，此外發展棒球運動的成效更是受到國外矚目。2017年稻江棒球隊前往中國大陸，勇奪首屆「海青盃海峽兩岸棒球邀請賽」總冠軍，今年8月將再度前往征戰；另外，為了提升棒球專業技術以及拓展同學的國際視野，今年5月，稻江特別帶領22位棒球隊學生遠赴韓國，進行海外球技訓練，並與韓國多所公私立大學舉行聯誼賽，明年亦已規劃前往日本交流。今（2018）年休閒遊憩管理系只招收20名棒球生，報考人數高達近400位，此已是連續三年的報名爆滿紀錄。稻江棒球隊實力堅強，目前是屬於全國大專盃公開甲組（一級）隊伍，張淑中校長表示，除希望稻江棒球隊能在國內貢獻球技外，未來更期盼亦在國際打出名號並為台灣爭光！

十三、韓國高中棒球學生慕名前來稻江學院留學

中華職棒強打好手蔣智賢（左）及知名捕手鄭達鴻（右）皆是稻江大學的優秀學生，特與校長張淑中博士（中）合影留念

　　位於嘉義縣朴子市的稻江科技暨管理學院，其棒球發展已享譽國際，連國外高中棒球學生都慕名前來稻江留學。去（2016）年9月，三位韓國高中應屆畢業生金永栽、鄭賢圭及張東赫，都是韓國青棒選手，特地前來稻江學院學習棒球技術，當時張淑中校長特別為這三位遠道而來的韓國學生及其家長們舉辦歡迎茶會。

　　今（2017）年許多大型棒球活動，陸續在稻江展開，例如「2017美國職棒大聯盟（MLB）青棒暑假訓練營」於8月21日結訓後，9月至12月接續登場的有「第12屆東高盃青棒及青少棒錦標賽」、「全國青棒教練打擊訓練營」、「全國高中鋁棒組棒球

賽」，以及稻江學院舉辦的「第三屆稻江盃全國高中棒球錦標賽」屆時將有16支全國最強勁隊伍參賽；另外各界矚目的「2017年中日會長盃國際青少年棒球邀請賽」亦預定12月底在稻江開打，屆時估計有日本10隊、台灣10隊（1隊24人），共20隊近500名的選手參與競技。

　　稻江校長張淑中說，學校致力於棒球運動推展是有系統、有規劃的進行，除期盼為國家培養棒球專業人才外，也希望提升地方民眾對棒球的興趣；尤其近年來，透過國際性各項交流活動，稻江棒球隊的實力更增強許多，未來將持續在國際上為台灣爭光！

十四、稻江棒球隊投手張景淯赴美職棒大聯盟水手隊　　受訓

張景淯（左）與稻江張淑中校長（中）及棒球隊黃嘉育總教練（右）合影

　　稻江大學棒球隊投手張景淯同學，2018年簽約加盟美國職棒大聯盟西雅圖水手隊，今年展開第一次旅美球季，在赴美國報到，臨行前由校長張淑中特予接見並勉勵關心。張景淯擁有191公分的挺拔身高與略帶帥氣的青澀臉龐，其精湛球技，受到許多師生的佩服與肯定。今（2019）年1月上旬，張校長在校內召集師生並舉行歡送茶會為張景淯祝福與送行。

　　張景淯目前就讀於稻江學院休閒遊憩管理學系，其棒球實力堅強，過去參加國內大賽屢獲佳績，並多次榮獲最佳投手獎；張景淯除了優秀的身材條件外，更擁有「左投」優勢，最快球速147公里。張景淯前往美國職棒大聯盟受訓，將是繼我國武昭

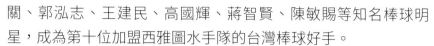

關、郭泓志、王建民、高國輝、蔣智賢、陳敏賜等知名棒球明星，成為第十位加盟西雅圖水手隊的台灣棒球好手。

　　張淑中校長在茶會中勉勵及提醒張景淯同學，在美國職棒受訓很辛苦，但一定要克服困難，並遵守團隊紀律；尤其未來隨著球技增長、知名度提升，擁有廣大粉絲後，也千萬不能分心，因為分心將會影響所有的努力目標與人生規劃。張景淯亦向張校長承諾，未來會秉持稻江精神，以稻江棒球隊為榮，在國外發揮最佳球技，為學校、為台灣爭光。

十五、推廣棒球有成 張淑中校長功成身退

稻江學院張淑中校長極力推廣棒球運動受到各界與嘉義地方的肯定

　　近年來，稻江學院發展棒球運動的成效受到國內外的矚目，其最大功臣首推張淑中校長。張淑中自2015年擔任稻江校長，發現嘉義地區的各級棒球人才濟濟，以及嘉南平原的氣候四季晴朗，皆是發展棒球運動的最佳條件。例如在張校長的戰略規劃與積極募款下，稻江學院目前是國內唯一擁有兩座標準比賽棒球場的大學；2017至2018年稻江棒球隊連奪兩屆「海青盃海峽兩岸棒球邀請賽」總冠軍；稻江棒球隊每年招收20名棒球生，但近三年報考人數皆達400人上，屢創歷史新高；此外全校的大一新生註冊率，亦連續三年皆達85%以上的佳績。

　　世界大學棒球錦標賽特別指定稻江棒球場為各國選手的訓練基地；美國職棒大聯盟（MLB）也已連續兩年在稻江學院舉辦青

棒訓練營活動；近幾年的11月至隔年 3月，都有多所韓國高中棒球隊與韓國職棒NC恐龍隊等，進住稻江學院實施「冬季移地訓練」。

　　擔任將近四年校長任期的張淑中，自認已為學校完成「階段性」任務，為了追求人生另外的挑戰，日前亦主動的向稻江董事會提出辭呈，預於2019年5月上旬離職。張淑中校長表示，雲嘉南地區有許多大學都有發展棒球運動的優秀資源與條件，政府未來若能整合這些力量，是能將台灣打造為亞洲棒球人才的培育中心與重鎮。

稻江學院

每一位孩子

都是學校的寶貝

附錄六　國內其他各大報章及地方媒體對稻江學院的新聞報導照片集錦

2017年5月25日稻江大學校長張淑中博士與60歲在稻江校園內創業的餐飲系林淇瑀同學合影

稻江大學校長張淑中教授接受媒體訪問時表示，來自全國各地的每一位同學都是學校的寶貝

2016年9月19日（星期一）為105學年度稻江學院的新生開學日，張淑中校長於當天上午及晚上，分別主持日間部及進修學士班的大一新生始業式典禮

稻江學院貼心為大一新生準備的親師座談、新生輔導會，讓許多家長及新生們備感溫馨；此為「105學年度進修部新生始業式」同學簽名與報到的現場實景

2016年9月19晚上的「105學年度進修部新生始業式」典禮中，張淑中校長
歡迎所有新生來稻江求學，以及鼓勵每一位新生，都要對自己有信心、堅
持走自己的路，未來在職場上一定可以發揚「稻江人」努力奮鬥精神、嶄
露頭角，開創自己亮麗的人生

稻江學院的學子來自台灣各地，儘管路途遙遠，但家長們仍然堅持親自把
孩子送到稻江西班牙式美麗的校園、參與親師座談、新生始業式，以及看
著孩子進住寬敞、舒適的學生宿舍，家長們才放心的回家

2016年4月20日中國大陸「珠海市老人福利交流考察團」一行16人拜訪稻江科技暨管理學院，受到校長張淑中博士的熱情歡迎

張淑中校長致贈稻江紀念錦旗予中國大陸「珠海市老人福利交流考察團」團長黃銳先生（珠海市人大常委會副主任）的場景

大陸考察團參訪稻江學院，主要想了解台灣高齡化所面臨的社會問題、稻江學院對老人福利的學術研究以及如何培育專業的社工人才；此為張淑中校長（右六）與大陸珠海市考察團的合影

大陸珠海市考察團的成員皆是來自大陸各地與老人福利相關的專業高階幹部；此為2016年4月20日考察團團員親自體驗稻江「老人福祉與社會工作學系」的「8字型踏步車」

希望把稻江科技暨管理學院的學校系所特色、學校經營的教育理念等介紹
給南台灣地區的廣大聽眾知道；2016年3月22日正聲廣播公司蔡明璟記者
特地前來稻江拜會並採訪張淑中校長

2016年3月22日正聲廣播公司專訪張淑中校長並介紹稻江學院特色及學生
亮麗表現；此為當時張淑中校長（右）與正聲廣播公司嘉義廣播電台記者
蔡明璟先生（左）會談時的情景

有鑑於大學生校外租屋的意外事件頻傳，來自全國150多所大專校院的學務長、軍訓室主任及賃居業務的承辦人，2015年11月17日與18日兩天齊聚在稻江學院並參加「104年全國大專校院學生賃居輔導服務工作研討會」；此為11月17日張淑中校長主持賃居研討會開幕式致詞的情景

2015年11月17至18日的兩天研討會是期望透過專題講座、分組研討、實地參訪及綜合座談等方式，努力提升租賃輔導人員的工作素養，並協助全國學生住得安心亦讓家長放心；此為稻江學院張淑中校長（第一排右六）與參加賃居研討會人員的合影

稻江學院校長張淑中博士（中）2016年11月30日受邀並參加嘉義縣政府愛滋防治活動的現場情景

稻江學院校長張淑中（左五）與嘉義縣長張花冠（左六）共同揭幕「跟著胖卡下鄉去，愛滋歧視遠離去」的啓航儀式活動

2016年11月30日張淑中校長致詞時強調認識愛滋及預防愛滋重要性並歡迎大家到稻江校園參與首站宣導活動

稻江大學校長張淑中博士（中）與嘉義縣長張花冠（左三）等人歡送造型極有特色的粉紅胖卡車到大專校園宣導防治愛滋的重要性

2016年4月20日「稻江黑魔力咖啡社」隆重成立，是各系所同學聯誼交流及學習咖啡專業知識的好去處；此為張淑中校長當天在「稻江黑魔力咖啡社」成立典禮上致詞祝賀的場景

稻江學院校長張淑中博士（中）與校內一級主管共同舉行「稻江黑魔力咖啡社」啓動儀式的情景

社團負責人林淇瑀同學（左一）在「稻江黑魔力咖啡社」成立典禮上向張淑中校長（座位左二）及師長們介紹社團未來社團所規劃的各項活動

2016年4月20日張淑中校長（中）、稻江主管同仁、外來貴賓與「稻江黑魔力咖啡社」的社團幹部們合影留念

2016年4月13日中國大陸「青海省海峽兩岸交流促進會」常務理事黃救界先生一行九人，參訪稻江科技暨管理學院並受到張淑中校長（中）的親自接待與熱誠歡迎

「青海省海峽兩岸交流促進會」對稻江學院為全台灣第一所教學實用型大學的優質辦學給予高度讚揚；此為張淑中校長主持稻江主管同仁與青海省訪問團意見交流會議的場景

2016年4月13日「青海省海峽兩岸交流促進會」黃救界團長（左）致贈紀念品予稻江學院張淑中校長

2016年4月13日中國大陸「青海省海峽兩岸交流促進會」團員參觀稻江學院休憩系全國特有的博奕博物館

2017年3月15日兩位校友在稻江美麗校園拍攝新人婚紗照片，張淑中校長為他們的締結連理留下美好見證；此為張校長為兩位新人祝福並致贈繫有紅色緞帶的「女兒紅高粱酒」兩瓶

2017年3月15日稻江大學校長張淑中博士（前排右五）率學校主管同仁為邱志軒和吳佳真兩位校友新人祝福的現場實景

2016年1月30日稻江舉辦「聯手幫校狗蓋一個溫暖家」的關懷生命活動，由學生發揮創意為三隻校狗蓋建溫暖的新家，張淑中校長（中）嘉許同學並謂這是對動物生命權重視的具體展現

2016年1月30日稻江學院校長張淑中主持創意狗屋的掛牌儀式，張校長並親切牽著「小黃」搬入新家，另外的兩隻校狗亦都有自己專屬的新屋與溫暖背心

張淑中校長（後排中間）每一學期都會帶領學校一級主管及各系所主任與全校學生代表進行面對面的座談會，希望了解學生在校園的生活與求學問題並協助解決同學們所面臨的各種困難

此為2017年6月13日座談會中，稻江學院校長張淑中親自傾聽學生心聲，並營造教師用心、家長放心、學生安心的溫馨校園，同時與學生進行充分溝通及意見交換的現場實景

2017年6月13日參加「校長與學生有約」座談會的全校學生代表們皆紛紛
表達意見及提出建議

張淑中校長除了解決同學的校園生活問題外，亦勉勵同學要多利用校園的
寬闊空間及良好的學習設備，並隨時鍛鍊自己身體為未來就業打好基礎

2015年12月10日張淑中校長主持「稻江創校15週年國際研討會」開幕典禮並呼籲各界關注教育問題與國家發展的重要性；此為張淑中校長12月10日頒發感謝狀給參加會議的清華大學榮譽教授彭明輝博士

張淑中校長2015年12月11日致贈紀念品給參加「稻江創校15週年國際研討會」並擔任專題演講者的前國策顧問、前中央警察大學校長、現任國立中正大學榮譽教授的蔡德輝博士

2015年10月14日張淑中校長主持104學年度「樂齡大學」開學的致詞場景；稻江大學為響應教育部推動老人終身學習計畫，已經連續第六年獲教育部補助開辦「樂齡大學」

教育部委託稻江辦理「樂齡大學」係代表著政府及社會各界皆認同此種學習方式，而稻江大學也希望透過這種有意義的教育政策實施，能將學校資源分享給地方民眾享用；此為樂齡大學資深公民與張淑中校長（前排中）及稻江主管同仁的合影

教育部常務次長林騰蛟博士（右三）2016年10月26日應邀至稻江學院演講，右二為稻江大學張淑中校長

2016年10月26日校長張淑中博士對教育部常務次長林騰蛟的蒞臨稻江學院名人講座致歡迎詞

教育部常務次長林騰蛟博士主講「決定大未來」題目，稻江師生聽講踴躍並受益良多，校長張淑中致贈紀念品予林常務次長

2016年10月26日林騰蛟常務次長（右三）與張淑中校長（右二）及稻江師生們的熱情合影

稻江榮耀

全國唯一兩座

棒球場的大學

稻江大學棒球打出全國名號，獲教育部補助興建第一座標準棒球場，此為
2015年10月7日張淑中校長率全校同仁主持「稻江第一座標準棒球場」開
工動土儀式的當時場景

棒球是台灣的國球，受到國內全民的喜愛。近年來位於嘉義縣朴子市的稻
江學院，在推展棒球運動不餘遺力；此為2015年10月7日張淑中校長率全
校同仁共同祈福球場開工順利的現場實景

2015年10月7日稻江大學張淑中校長（中）與黃嘉育總教練（左二）以及廠商等人進行動土儀式的場景

2015年10月7日稻江大學張淑中校長（中）與同仁及棒球隊員在動土儀式完成後的合影留念

稻江大學張淑中校長感謝同仁參與動土儀式並勉勵棒球隊員繼續努力再創佳績

稻江大學棒球隊於民國102年成軍，不到一年時間內，即於103年獲得大專棒球聯賽公開二級全國冠軍，目前已晉升大專公開組一級比賽資格；此為黃嘉育總教練與棒球隊員在2015年10月7日動土儀式完成後的合影留念

2015年完成第一座標準比賽棒球場的興建後，不到一年時間，「稻江科技暨管理學院」再開工興建第二座棒球場；此為2016年6月30日上午，由張淑中校長親自主持動土儀式，並率全校教職員與棒球隊員焚香祈福工程順利圓滿的當時場景

稻江棒球員也參與並見證第二座棒球場的開工典禮；此為2016年6月30日稻江學院校長張淑中博士（中）主持動土儀式的場景

2016年6月30日稻江棒球隊黃嘉育總教練（左一）、休閒遊憩管理系葉龍泰主任（左二）等人亦一道參與動土儀式

未來具備兩座標準棒球場的稻江學院將是全國大學中最完善的棒球培訓基地，稻江學院張淑中校長特別感謝全校同仁參加動土儀式並勉勵棒球隊員繼續努力再創佳績

2016年5月5日稻江學院主管同仁與雲朗觀光集團高級幹部洽談產學合作由
張淑中校長親自主持會議

國際知名「雲朗觀光集團」朱建平總監（左）拜會稻江學院張淑中校長；
稻江張淑中校長致贈紀念高粱酒予雲朗觀光集團朱建平總監

2016年5月5日兆品酒店宋滿金總經理（左）致贈紀念品予稻江學院張淑中校長

稻江學院是全國以「教學實用型大學」著稱的大學，讓每一位同學在學校中能學得一技之長，達到「畢業即就業」的教育目標；此為張淑中校長及稻江主管同仁與雲朗觀光集團高級幹部的合影

稻江學院為了推廣毒品防治教育，並讓全校教職員和學生都能深入了解毒品的真實面貌、以及毒品對個人、家庭和社會的嚴重傷害，2016年5月26日張淑中校長特別邀請國立中正大學犯罪防治學系教授、中正大學犯罪研究中心主任的楊士隆博士（左）蒞校實施演講

中正大學犯罪防治學系教授楊士隆演講內容生動活潑，以許多社會的實際案例說明讓張淑中校長（前排左二）以及稻江師生們了解毒品危害的嚴重性

2016年5月26日有200多位師生專注聆聽犯罪學家楊士隆教授的演說；此為「毒品問題與防治對策」專題演講後，當時稻江大學張淑中校長實施總結的現場實景

楊士隆博士蒞校實施講演，張淑中校長全程陪同及參與，全場師生專注聆聽、受益無窮；此為稻江學院張淑中校長致贈紀念品予楊士隆教授並與師生們合影

2015年12月12日稻江學院舉辦「稻江盃國際高中棒球錦標賽」；本次比賽隊伍有來自國內高中10支隊伍及韓國兩支隊伍，共12支棒球隊伍參與競技；其中韓國LG職棒及京畿道棒球協會的來訪，張淑中校長特別舉行茶會表達歡迎

張校長致詞時表示，稻江新建棒球場舉行開幕典禮，就承蒙韓國LG職棒的祝賀及京畿道棒協會派出兩支球隊前來台灣參賽是稻江學院的榮幸；此為2015年12月12日張淑中校長（中）與韓國來台朋友們的合影

2016年9月6日張淑中校長主持茶會歡迎韓國棒球選手來稻江就讀；創下韓籍棒球學生就讀國內大學的首例！

稻江學院校長張淑中表示，未來會在棒球訓練及日常生活方面全心照顧三位韓國選手，此為張淑中校長致贈稻江棒球隊的球帽予韓國青棒選手

三位慕名來台就讀稻江學院的韓國青棒選手，2016年9月6日正式報到，受到張淑中校長暨師生的熱情歡迎，此為張淑中校長（左四）與韓國青棒選手及其家長們的合影

嘉義縣朴子市的稻江科技暨管理學院，其棒球發展已享譽國際，連國外高中學生都前來就讀，此為2016年9月6日張淑中校長與韓國青棒選手一行及稻江棒球隊員們的合影

近年來稻江學院發展棒球的熱情與舉動，不只受到國內社會各界的重視，也受到國外知名媒體的矚目；此為校長張淑中2016年2月18日接受韓國最大體育運動媒體「體育報」的專訪

2016年2月18日稻江大學張淑中校長（左三）、「體育報」金聖泰記者（右三）、韓國LG職棒台灣區李昌憲代表（左二）與稻江主管等人的合影

稻江校長張淑中博士2017年8月3日致詞歡迎美國職棒大聯盟青棒訓練營在
稻江大學展開訓練，並期待海峽兩岸的最優秀青棒好手能利用這難得機會
充分的學習與交流

美國職棒亞太區棒球推廣總經理Mr. Rick Dell致詞時對嘉義稻江學院兩座棒
球場的設備齊全讚譽有加

中華民國棒球協會（CTBA）國際組主管 Chris Day 致詞（右一）並感謝稻江學院校長張淑中（左二）對美國職棒大聯盟青棒訓練營活動的大力支持

「2017美國職棒大聯盟（MLB）青棒暑假訓練營」於2017年8月3日在稻江學院開營並展開為期20天的訓練

稻江大學校長張淑中（中）與美國職棒亞太區棒球推廣總經理Mr. Rick Dell
（右）及中華民國棒球協會國際組主管 Chris Day（左）共同主持發球儀式

稻江大學張淑中校長（中）與稻江棒球隊黃嘉育總教練（左一）及貴賓、
球員們的合影

參與「2017美國職棒大聯盟青棒暑假訓練營」的兩岸球員將能吸收到美國
知名教練的各項訓練方法與經驗並強化個人在棒球的打擊技術及投球、守
備等專業戰術

「2017美國職棒大聯盟（MLB）青棒暑假訓練營」的受訓球員、專業教
練、稻江棒球隊員、稻江主管同仁以及此次所有貴賓們的共同合影

稻江榮耀

全國唯一有

三個國寶級名廚

任教的大學

2016年7月18日張淑中校長主持「稻江學院敦聘三位國寶名廚專技教授與
中華美食交流協會產學合作簽約記者會」

陳兆麟教授（國宴主廚：兆麟師）是「宜蘭渡小月餐廳」負責人與主廚，
當天接受稻江大學張淑中校長頒贈教授證書的場景

郭宏徹教授（為中華美食協會理事長）是「兄弟食堂」負責人與主廚，當
天接受稻江大學張淑中校長頒贈教授證書的場景

施建發教授（號稱「阿發師」）是「青青餐廳」總經理與主廚，當天接受
稻江大學張淑中校長頒贈教授證書的場景

稻江大學張淑中校長（中）表示，稻江餐飲系有兆麟師（左一）、阿發師（左二）、郭宏徹教授（右二）及吳文智教授（右一）後，師資優秀勇冠全國！

張淑中校長表示三位國寶級名廚的豐富實務經驗及國際比賽心得將帶給同學多元與寶貴學習機會

中華職棒中信兄弟隊當家捕手鄭達鴻就讀稻江幼教研究所受到張淑中校長的歡迎；此為鄭達鴻致贈簽名球給張淑中校長的場景

2016年5月20日稻江校長張淑中（右一）在校長室與職棒明星鄭達鴻（右二）談話時的場景

中華職棒明星鄭達鴻（左三）、張淑中校長（右三）、幼兒教育學系張子嫻主任（右一）及幼教系碩士班同學的合影

張淑中校長（中）、稻江主管同仁、棒球隊員及幼教系師生，歡迎中華職棒好手鄭達鴻（左五）加入稻江大家庭

2015年10月30日，稻江科技暨管理學院校長張淑中博士獲立法院投票同意，出任中央選舉委員會委員。此為張淑中校長（右二）與其他中選會委員拜會立法院長王金平的情景

稻江大學張淑中校長（左二）與另4位中選會委員被提名人當初在立法院接受立法委員質詢時的場景

2018年6月9日稻江大學校長張淑中博士主持106學年度畢業典禮

內政部長葉俊榮（左二）在內15人組成的「台大法律貴賓團」蒞臨稻江大學畢業典禮為同學頒獎祝福

稻江大學校長張淑中博士在畢業典禮中為畢業生代表進行撥穗儀式

稻江大學校長張淑中博士（左）2018年6月9日帶領貴賓內政部長葉俊榮博士（右）在畢業典禮舉行前，進入國際會議廳大會場的情景

106學年度畢業典禮中由表演藝術系學生演出「帽子雜耍特技秀」的場景

稻江大學校長張淑中（右二）、內政部長葉俊榮（左三）與貴賓們的合影
留念

第四屆稻江盃全國高中棒球錦標賽2018年12月19日在稻江大學隆重開打並
由張淑中校長主持開幕典禮

此為稻江大學校長張淑中博士（右）在開幕典禮前進入棒球錦標賽會場，
受到全體貴賓及師生們歡迎的場景！

第四屆稻江盃全國高中棒球錦標賽共有來自全國各地的12支棒球勁旅參加
比賽

稻江大學張淑中校長以快樂的心情為第四屆稻江盃全國高中棒球錦標賽開
球

2018台灣燈會在嘉義舉行，當時稻江科技暨管理學院特別斥資百萬餘元製作巨型花燈參展

稻江大學校長張淑中博士（左五）2018年2月28日率領學校一級主管10多人巡視花燈布置的場景

2018年2月28日稻江大學校長張淑中（左一）與學校主管同仁等人在「2018台灣燈會」現場巡視的情景

稻江大學校長張淑中表示，以「稻江大學最棒」為主題意象的花燈，在呈現台灣國球的重要性以及近年來稻江棒球隊為學校、為台灣爭光的比賽優異戰績

稻江大學的花燈是由表演藝術系主任江祖望（右）與該系教授盧宓承
（左）兩位專家所共同規劃設計

稻江大學的棒球創意花燈是由四個巨型花燈所組成，此為「投手」造型，
活潑有力！

稻江大學棒球花燈「打擊手」的造型，極有特色，呈現力道十足、英姿煥發的威猛氣勢 ！

稻江大學棒球花燈「捕手」的造型亦讓人感覺有一夫當關、萬夫莫敵的英勇架勢！

稻江大學的棒球花燈可謂是「2018台灣燈會」中，當時最有特色、最有活力、也最受各界矚目的一組創意花燈！

張淑中校長（中）2018年2月28日和學校一級主管同仁十多人在「稻江大學最棒」創意花燈前的合影留念

2018年4月18日稻江大學校長張淑中（右）邀請國際知名導演吳念真（左）至學校演講

稻江大學校長張淑中介紹吳念真導演（左三）的經歷背景並讚賞吳導演在不同領域的重大成就

稻江大學校長張淑中贈送紀念品並代表全校師生向吳念真導演的蒞臨學校
演講致謝

吳念真導演（左三）演講完畢後與張淑中校長（右三）及全體稻江師生大
合影留念

2018年3月7日，超級馬拉松林義傑（右）蒞臨稻江大學名人講座演講，其極限運動及創業成功的奮鬥經驗，讓師生受益良多；此為校長張淑中博士（左）與林義傑董事長（右）的合影

林義傑演說時曾放映其冒險紀錄片《決戰撒哈拉》，讓稻江師生如臨其境地目睹他在沙漠的超馬險境實況；演講後，張淑中校長張淑中稱讚，林義傑不只是世界級超馬運動員，也是國內自創品牌的成功企業家

2015年10月19日張淑中校長（站立者）與保進文教機構簽約，保證稻江學院幼教系畢業生年薪50萬元，此為張校長在「稻江—保進菁英班」簽約時的致詞情景

稻江大學張淑中校長與保進文教機構江宗穎董事長（左）共同展示保障年薪50萬的支票

全國首創且未來學生薪資極佳的「稻江－保進菁英班」簽約典禮後全體出
席人員的大合影

稻江大學張淑中校長（中）與幼兒教育系學生於「稻江－保進菁英班」簽
約儀式完成後的合影留念

2016年4月29日稻江大學校長張淑中（中）拜會產學合作廠商元晶太陽能公司並與洪振仁總經理及該公司一級主管的合影

元晶太陽能公司資深協理王亮凱向稻江大學張淑中校長（左二）介紹該公司的科技產品

稻江大學張淑中校長巡視元晶太陽能公司明亮及衛生的員工用餐環境

稻江大學張淑中校長（站立者）在元晶太陽能公司慰勉稻江實習學生的場景

元晶太陽能公司洪振仁總經理致贈紀念品予稻江大學張淑中校長

張淑中校長贈送稻江紀念旗予元晶太陽能公司洪振仁總經理

稻江大學張淑中校長（左）、元晶廖國榮董事長（中）以及新竹縣邱鏡淳
縣長（左）在元晶太陽能公司的合影

新竹縣邱鏡淳縣長2016年4月29日致贈祥瑞平安卡予稻江大學張淑中校長

校長推廣
台灣國球運動
受到海內外矚目

2016年3月美國職棒大聯盟紅襪隊總球探迪博（右一）在棒球總教練黃嘉育（左一）陪同下拜會張淑中校長（中）

美國職棒大聯盟紅襪隊迪博總球探致贈紅襪隊紀念球帽予張淑中校長

稻江張淑中校長致贈紀念錦旗予美國紅襪隊總球探迪博先生

稻江張淑中校長致贈紀念高粱酒予美國紅襪隊總球探迪博先生

美國紅襪隊迪博總球探（後排右四）2016年3月參訪稻江學院，受到張淑中校長（後排左四）及棒球隊師生的熱情歡迎

稻江大學張淑中校長和美國紅襪隊迪博總球探於電子歡迎海報前的合影

2016年3月美國職棒大聯盟總球探海泰德先生（左二）拜會稻江學院張淑中校長的場景

總球探海泰德先生致贈美國大聯盟紀念球帽予稻江大學張淑中校長

張淑中校長致贈稻江紀念錦旗予美國職棒大聯盟海泰德先生

美國職棒大聯盟球探海泰德先生（後排右四）、稻江學院張淑中校長（後排左四）與棒球隊同學的合影

2017年4月19日稻江大學與台灣知名大企業的美樂蒂文教集團舉行產學合作簽約儀式，簽約會議由張淑中校長李宗銘董事長共同主持

張淑中校長感謝李宗銘董事長對稻江大學的支持以及提供優厚求學方案鼓勵學生

美樂蒂文教科技集團總裁李宗銘先生是台灣知名的成功企業家與教育家

稻江大學張淑中校長與美樂蒂李宗銘總裁2017年4月19日簽約的場景

張淑中校長（左）表示，未來錄取「稻江—美樂蒂幼教菁英班」的學生，
每年寒暑假期間都可至美樂蒂相關機構進行實務實習

張淑中校長（左）表示，「稻江—美樂蒂幼教菁英班」保證幼兒教育學系
的畢業生至少年薪50萬元

美樂蒂精心出版的幼兒英語等教材是國內權威及品質的最佳保證

2017年4月19日簽約儀式後，張淑中校長、李宗銘董事長與稻江大學幼教系師生們共同合影留念

2018年7月24日舉辦歡送學務長秦秀蘭教授榮退茶會，張淑中校長親自頒贈紀念獎座予學務長秦秀蘭教授並囑附她有空時要常回稻江這個大家庭

張淑中校長以十分不捨的心情主持茶會並感謝秦秀蘭學務長多年來對稻江學院的專業貢獻

張淑中校長頒贈由全體主管同仁留言的大張紀念卡予秦秀蘭教授；此張卡片充分表達出稻江所有同仁對秦秀蘭學務長的深深祝福

張淑中校長（中）和稻江一級主管同仁在2018年7月24日歡送學務長秦秀蘭教授榮退茶會的合影留念

稻江榮耀

全國唯一國際級

先進電競館

稻江大學耗資千萬元新建的國際級「稻江電競館」2018年12月1日由校長張淑中教授（右三）和貴賓們共同舉行揭牌啓用典禮

稻江大學張淑中校長表示，未來學校會積極規劃電競相關課程，亦即結合動畫遊戲設計系、行動科技系以及演藝系的專業課程，將三系的「遊戲軟體設計」、「行動網路建置」、「電競主播與賽事轉播」等專業結合，為國家社會培訓電競產業的專業人才

「稻江電競館」揭牌典禮中，稻江大學校長張淑中（中）、嘉義縣副縣長李明岳（左三）、萬能工商校長陳育修（左二）、興華高中校長郭義騰（左一）、行政院雲嘉南區聯合服務中心副執行長徐文志（右三）、稻江校友會理事長黃芳蘭（右二）、第十軍團少將副指揮官劉靖中（右一）等人，共同按水晶球開幕儀式的場景

來自全國社會各界的貴賓，皆對擁有一流電競專業設備的「稻江電競館」，讚不絕口！

稻江大學張淑中校長接受媒體訪問時表示，為配合政府發展電競產業政
策，學校未來將持續培育電競相關產業的各種專業人才

2018年12月1日所啓用的「稻江電競館」是參考國際級電競場館所精心設
計，無論在空間規劃與軟硬體方面，以及實況轉播台直播設備，都是獨步
全國各級學校

2016年11月26日稻江大學校長張淑中博士（左四）主持「稻江第二棒球場」的正式啟用典禮，當日參加典禮的社會各界貴賓雲集

國內知名的中信兄弟隊棒球明星蔣智賢（左）與鄭達鴻（右）也受邀參加稻江第二棒球場的落成啟用典禮

稻江大學教職員同仁參加並見證第二棒球場興建完工及啓用典禮的現場實景

「稻江第二棒球場」啓用典禮當天，多所雲嘉地方的高中職校長及各界貴賓亦前來恭賀稻江第二棒球場的成立，右一為張淑中校長

張淑中校長主持棒球場啓用的剪綵及開幕典禮後彩球施放與高飛的場景

張淑中校長致詞時表示稻江兩座棒球場的陸續完工代表「產官學」三方面的合作成功

稻江校長張淑中擔任投手，中信兄弟隊蔣智賢、鄭達鴻分別擔任打擊手及
捕手在舉行開球儀式前的共同合影

稻江大學校長張淑中與中信兄弟隊棒球明星蔣智賢、鄭達鴻兩人，2016年
11月26日共同為大專校院棒球聯賽舉行開球的情景

稻江大學明星學生王大陸演藝成就獲國際肯定，2015年12月12日由張淑中校長頒贈「在校生特別表現獎」

2015年12月12日稻江學院歡慶創校15週年，張淑中校長頒獎的熱鬧場景

2018年11月27日稻江棒球隊參加教育部107學年度全國大專校院棒球聯賽，出發前接受張淑中校長授旗的場景

稻江大學校長張淑中博士頒贈加菜金給稻江棒球隊黃嘉育總教練

稻江大學校長張淑中博士2018年11月27日致詞勉勵所有棒球隊員比賽時要
沉著冷靜拿出最好的實力為學校爭光

稻江棒球隊實力堅強,在張淑中校長積極推廣棒球運動的四年任期內,是
屬於全國大專校院棒球聯賽公開組一級(甲組)的隊伍

2018年11月7日「世界台灣商會聯合總會」總會長、僑務委員游萬豐
（左）蒞臨稻江大學演講並與校長張淑中合影留念

游萬豐總會長在南非創業的奮鬥歷程，以及其參與僑界公共事務的外交經
驗，皆讓聽講的稻江師生們有很大的知識啟發；此為游總會長（左三）、
張淑中校長（右三）與稻江師生們的大合影

2018年11月21日張淑中校長邀請愛之味董事長、國內知名食品科學家陳冠翰博士（左），蒞臨稻江學院開講，專業分析現代食品產業最新趨勢與發展契機

稻江大學張淑中校長向在場聽講的稻江師生們介紹愛之味董事長陳冠翰博士（前排左三）優秀學經歷的當時場景

稻江大學與精英國際集團於2017年10月25日舉行產學合作簽約典禮，由張淑中校長（左）與張義雄董事長（右）共同主持典禮會議

稻江大學校長張淑中（左）致詞時稱讚精英國際教育集團董事長張義雄（右）對台灣的幼兒教育產業貢獻極大

稻江大學張淑中校長與精英國際教育集團張義雄董事長簽訂產學合作合約

稻江大學校長張淑中（左）與精英國際教育集團董事長張義雄（右）共同
展示產學合作合約

精英國際教育集團未來將提供稻江幼教系成績優異畢業生工作機會並保障年薪50萬元

稻江大學幼兒教育系師生與學校行政主管及精英國際集團貴賓們在簽儀式後的合影

稻江學院產學合作夥伴「潮港城餐飲集團」生管中心於2016年5月3日開幕，張淑中校長在啓用儀式致詞表示，未來希望稻江學院與台中市潮港城餐飲集團的合作能永固和深遠

稻江大學校長張淑中博士（中）與該校鄭富元研發長（右一）於2016年5月3日探視並慰勉在潮港城實習的稻江學生

2017年8月稻江學院棒球隊勇奪海青杯海峽兩岸棒球賽總冠軍為國爭光，
回國後學生呈獻冠軍盃給張淑中校長的場景

稻江大學校長張淑中博士公開表揚稻江棒球隊員並與教練、球員們共同合
影的情景

2016年1月稻江大學張淑中校長與小林髮廊謝福春董事長簽訂產學合作合約

張淑中校長與小林髮廊謝福春董事長展示合約內容，共同創造學校企業學生三贏局面

稻江大學張淑中校長致贈錦旗一面給小林髮廊謝福春董事長

稻江大學張淑中（左三）率主管同仁與小林髮廊集團重要幹部的合影留念

2017年10月3日在稻江大學校長張淑中（中）的監交下，嘉義縣議員黃芳蘭（右一）從陳振山理事長（左一）手中接下印信並正式榮任第四屆校友會理事長

稻江大學校長張淑中博士當時感謝並致贈禮品予卸任稻江校友會理事長陳振山先生的場景

2017年10月3日稻江校友會理事長的交接典禮，有來自嘉義縣議會張明達議長、陳怡岳副議長、蔡易餘立法委員及地方各界的祝福；此為校長張淑中致贈禮品予陳怡岳副議長

稻江大學校長張淑中博士（前排中間）與第四屆稻江校友會全體理監事的合影留念

卓越稻江
攜手同慶

2017年6月20日稻江學院舉辦106級畢業典禮，張淑中校長以「三個永遠」
勉勵畢業生要努力開創自己美好成功的未來

行政院雲嘉南區聯合服務中心副執行長徐文志（中）及嘉義市議員傅大偉
（右）專程前來參加稻江學院畢業典禮，並受到張淑中校長（左）的熱情
接待

稻江大學校長張淑中博士（左）在畢業典禮中為106級畢業生代表撥穗的
情景

2017年6月17日稻江學校畢業典禮中表演藝術系黃國忠表演魔術的場景

稻江大學校長張淑中頒發「勵志楷模獎」予諮商心理系畢業生陳祐生，嘉勉他四年全勤無休、認真求學及努力奮鬥的人生精神

2017年奪得世界電競大賽全球總冠軍並為台灣爭光的三位動畫遊戲設計系學生獲得張淑中校長的公開表揚及頒贈在校生傑出表現獎

稻江大學張淑中校長頒發「勤學楷模獎」給今年77歲的財經法律系應屆畢業生許政權同學

在稻江校園創業有成的餐飲系畢業生林洱瑀同學（右三）在其90歲高齡母親及家人的陪同下，上台接受稻江校長張淑中（左一）的公開表揚

2018年12月1日稻江學院校長張淑中在18週年校慶致致詞時表示，稻江近年來的辦學優良受到社會各界肯定，今年招生成果再創八成七高註冊率的歷史佳績

「稻江棒球隊」聞名海內外，2018年再度蟬連「第二屆海青杯兩岸棒球邀請賽」總冠軍為台灣爭光！此為棒球隊隊員在18週年校慶典禮中，將冠軍盃呈獻給張淑中校長的場景

稻江大學18週年校慶典禮冠蓋雲集，張淑中校長（右五）與貴賓們歡樂齊唱生日歌的場景

稻江大學2018年12月1日所舉行的18週年校慶典禮，當日國際會議廳座無虛席

2016年2月稻江學院校長張淑中博士與台視總經理周法勛暢談雙方合作計畫

稻江學院張淑中校長在台視「加油！美玲」首映記者會的致詞場景

張淑中校長、表演藝術系江主任（前排右一）、時尚美容系劉主任（前排左一）、台視韓燕蘋製作人（前排左二）、稻江師生及主要演員的合影

2016年2月稻江大學張淑中校長接受電視媒體專訪的情景

2015年10月稻江大學張淑中校長與鬍鬚張的張永昌董事長進行產學合作的
簽約場景

張淑中校長與張董事長展示合約內容；保證稻江學生未來有薪實習並可獲
27.5萬元補助

2016年6月8日稻江張淑中校長率主管同仁舉行茶會歡迎中華職棒中信兄弟隊打擊好手蔣智賢加入稻江大家庭；此為蔣智賢致贈簽名球給張淑中校長的場景

中華職棒明星鄭達鴻（右一）及蔣智賢共同致贈中信兄弟隊全體隊員簽名球給張淑中校長

稻江科技暨管理學院張淑中校長（中）與鄭達鴻夫婦（右二位）及蔣智賢
夫婦（左二位）合影

張淑中校長及稻江大學主管同仁與蔣智賢（左四）、鄭達鴻（右五）等人
共同合影

稻江學子

讀書不忘報國

報國不忘讀書

2018年5月17日總統府戰略顧問蒲澤春上將（左二）率領國防部高階將官蒞臨稻江學院拜會並宣導ROTC政策，受到張淑中校長（左一）的熱情招待

稻江學院校長張淑中博士歡迎蒲澤春上將的來訪並肯定國防部近年來推動募兵制的努力

稻江張淑中校長與總統府戰略顧問蒲澤春上將共同主持「稻江學院與國防部合作推廣ROTC」座談會

稻江學院校長張淑中博士致贈學校紀念錦旗予總統府戰略顧問蒲澤春上將

稻江校長張淑中（左五）及稻江一級主管同仁與蒲澤春上將（右五）及
國防部官員合影留念

國防部「ROTC」（大學儲備軍官訓練團）教育暨招募活動2018年5月17日
在稻江大學的名人講座廳盛大舉行

稻江大學校長張淑中對當天在場的200多名學生及家長們表示，ROTC是可以同時完成大學學業並實現從軍報國夢想的好政策

2018年5月17日張淑中校長（右三）及稻江師生與蒲澤春上將（左三）及國防部官員的大合影留念

國防部「人形氣偶」的精彩演出，讓2018年5月17日所有與會來賓皆留下深刻的美好印象

稻江學院校長張淑中博士與總統府戰略顧問蒲澤春上將，兩人對雙方單位未來合作努力並共同推動ROTC政策都有極大的成功信心

稻江大學校長張淑中（中）率領學校主管同仁與台北市極富盛名的「邊田
庄」餐飲事業進行產學合作成為策略聯盟夥伴，共創雙贏！

2017年7月7日稻江大學校長張淑中（左）與邊田庄執行長兼主廚邊中健
（右）共同展示產學合作計畫書

張校長相信
用1500天的奮鬥
可以改變一間學校

張校長心中
始終懷抱
大學校長的
教育良知與
社會責任

國家圖書館出版品預行編目資料

大學校長的48封信 ： 私立大學校長的教育良
知與社會責任 / 張淑中著. -- 一版. -- 臺
北市：五南, 2019.05
　　面 ； 公分
　ISBN 978-957-763-394-1(精裝)

1.高等教育 2.文集

525.07　　　　　　　　　　108005521

4F17

大學校長的48封信：
私立大學校長的教育良知與社會責任

作　　者 ― 張淑中

發 行 人 ― 楊榮川

總 經 理 ― 楊士清

總 編 輯 ― 楊秀麗

副總編輯 ― 張毓芬

責任編輯 ― 紀易慧

封面設計 ― 盧盈良

出 版 者 ― 五南圖書出版股份有限公司

地　　址：106台北市大安區和平東路二段339號4樓

電　　話：(02)2705-5066　　傳　　真：(02)2706-6100

網　　址：http://www.wunan.com.tw

電子郵件：wunan@wunan.com.tw

劃撥帳號：01068953

戶　　名：五南圖書出版股份有限公司

法律顧問　林勝安律師事務所　林勝安律師

出版日期　2019年5月初版一刷

定　　價　新臺幣500元